Intuition, Sechster Sinn, Eingebung – wie immer man es nennt, jeder nutzt diese Fähigkeiten, bewußt oder unbewußt, Tag für Tag. Unser ganzes Verhalten – ob im Privat- oder Berufsleben – ist stärker, als wir glauben, von unserer Intuition geprägt, die bei jeder unserer Entscheidungen eine große Rolle spielt. Laura Day zeigt, wie man seine intuitiven Fähigkeiten entdeckt und sie bewußt einsetzt. Anhand vieler praktischer, meist verblüffender Übungen lernt man, auf seine Eingebungen zu achten: wie man die richtigen finanziellen Entscheidungen trifft, gewinnbringende Strategien für sein Unternehmen entwickelt, andere Menschen besser versteht, erkennt, ob der Partner zu einem paßt, oder was man mit seinem Leben wirklich anfangen will – und vieles mehr. »Laura Day ist eine außergewöhnliche Frau mit außerordentlichen Fähigkeiten, aber was für mich am bemerkenswertesten an ihr ist, war die Art und Weise, wie sie mir beigebracht hat, an mich selbst und an meine Intuition zu glauben ... Durch die praktischen Anleitungen in diesem Buch zeigt sie uns, wie die Intuition in allen Lebensbereichen wirkt.« (Demi Moore)

Laura Day hält seit über zehn Jahren auf der ganzen Welt Seminare über Praktische Intuition und berät Firmen, Wissenschaftler und Privatpersonen. Sie lebt in New York. Bei dtv ist außerdem von ihr erschienen: ›Mit P. I. zum Erfolg‹ und ›P. I. in der Liebe‹.

Laura Day

P.I. Praktische Intuition

Der Sechste Sinn in Liebe, Partnerschaft und Beruf

Mit einer Einleitung von Demi Moore

Aus dem Englischen von Birgit Woldt

Deutscher Taschenbuch Verlag

Von Laura Day ist im Deutschen Taschenbuch Verlag erschienen:
P. I. in der Liebe (dtv 24160)
Mit P. I. zum Erfolg (dtv 24183)

Meinem Sohn, Samson, Shimshon, der nach der Sonne benannt ist, die sich selbst erleuchtet. Du scheinst heller als Dein Name. Danke.

Ungekürzte Ausgabe
Oktober 2000
Deutscher Taschenbuch Verlag GmbH & Co. KG, München
www.dtv.de

Titel der amerikanischen Originalausgabe:
Practical Intuition. How to Harness the Power of Your Instinct
and Make It Work for You
Villard Books, New York 1996
ISBN 0-679-44932-9

Umschlagkonzept: Balk & Brumshagen
Umschlagfoto: © Gary Faye / GRAPHISTOCK, N. Y.
Satz: Oreos GmbH, Waakirchen
Gesetzt aus der Sabon-Antiqua (Textline 2.05)
Druck und Bindung: C. H. Beck'sche Buchdruckerei, Nördlingen
Gedruckt auf säurefreiem, chlorfrei gebleichtem Papier
Printed in Germany · ISBN 3-423-36207-3

Inhalt

Vorwort

von Dr. Bruno del Rosso

Ich lernte Laura Day vor vielen Jahren kennen. Als ich ihr vorgestellt wurde, war ich sofort tief beeindruckt. Ich hatte das Gefühl, daß diese junge Frau das Epizentrum einer strahlenden Energie war, der Brennpunkt durchdringender Wellen, die in jeden Menschen und jeden Gegenstand eindringen konnten, auf die sie trafen. Ihr tiefes Verständnis schien Geheimnisse aufzulösen und bis auf den Grund der Dinge vorzudringen.

Als ich später in Rom ihre Fähigkeiten (von denen einige in diesem Buch beschrieben sind) untersuchte, arbeitete ich mit zahlreichen Wissenschaftlern verschiedener Fachgebiete zusammen. Wir führten verschiedene Experimente durch, und in jeder Sitzung verblüffte Laura die versammelten Wissenschaftler und Journalisten aufs neue und gab ihnen Rätsel auf. Sie erzielte viel bessere Ergebnisse, als irgend jemand vorhergesehen hatte. Es schien, als ob der Geist der Welt sich durch Lauras Einsichten sanft über unser Verständnis der Natur lustig machen würde.

Laura nimmt die Leser bei der Hand und hilft ihnen, mit

einem verlorenen oder vergessenen Teil ihres Selbst wieder in Kontakt zu kommen. Ich hoffe sehr, daß Sie die verborgene Essenz und die tiefgreifenden Prozesse, die den Lauf der Welt bestimmen, wiederentdecken werden. Wenn Sie sich die Freiheit zugestehen, offen für Lauras Führung zu sein, wird Ihnen das sicher gelingen.

Einleitung

von Demi Moore

Glauben Sie an bedeutsame Zufälle? Eines Abends ging ich auf eine Party meiner Freundin Rosanna, und als ich das Haus betrat, kam sie auf mich zu und sagte: »Da ist jemand, den du unbedingt kennenlernen mußt. Glaub mir, du mußt sie einfach kennenlernen.« Ohne zu zögern nahm ich ihre Hand, und Rosanna führte mich durch die Menge. An einem Tisch, umringt von einem faszinierten Publikum, saß eine winzige, mädchenhafte Frau mit unglaublich blauen Augen. Sie waren nicht etwa aufgrund ihrer Farbe oder Form so intensiv, sondern weil sie mich mit einer unendlichen Tiefe ansahen. Es schien, als würde das, was sie sahen, durch nichts begrenzt.

Wir hatten eine wunderbare Unterhaltung, aber während diese Frau sprach, bemerkte ich, daß wir uns über Details unterhielten, die nur meine engsten Freunde wissen konnten. Noch verblüffender war, daß sie über Dinge sprach, über die ich mit niemandem geredet hatte. Ich wurde sehr neugierig und fragte sie nach ihrem Beruf. Sie erwiderte, daß sie das nicht gerne sagen wolle, da sie nie eine geeignete Bezeichnung dafür fände – aber sie versicherte mir, daß es eine legale Beschäftigung sei.

Unsere Begegnung war sehr kurz, aber ich war tief beeindruckt von der Ruhe, die diese Frau ausstrahlte.

Es hätte keinen besseren Zeitpunkt in meinem Leben geben können, jemanden wie Laura Day zu treffen. Es geschah zu einer Zeit, als ich das Gefühl hatte, daß alles und jedes, was ich mir wünschte, »da draußen« auf mich wartete. Ich war frisch verheiratet, erwartete mein erstes Kind und fühlte mich unschlagbar. Ich hatte unendlich viel Energie und konnte mich unglaublich für etwas begeistern, aber ich muß zugeben, daß alles etwas chaotisch war und mehr Steuerung benötigte.

Am Ende unseres ersten Treffens nahm Laura meine Hand und sagte, sie wolle mich daran erinnern, daß ich genau da sei, wo ich sein sollte, und daß ich nur etwas Geduld haben müsse – alles andere würde sich von selbst ergeben. Ich wußte sofort, daß sie auf meine Karriere anspielte. Da ich erst vor kurzem geheiratet hatte und ein Baby erwartete, war meine Arbeit in den Hintergrund gerückt. Obwohl sie im Moment keine Priorität für mich hatte, war sie mir doch sehr wichtig. Ich fing langsam an, mir deswegen Sorgen zu machen, aber ich hatte noch mit niemandem darüber gesprochen. Lauras Worte waren sehr tröstlich und zeugten von einem tiefen Verständnis für meine Situation. Sie erinnerten mich daran, das Leben einfach zu genießen.

Als ich Laura das nächste Mal traf, war meine Tochter bereits auf der Welt, und ich hatte wieder begonnen zu arbeiten. Die Dreharbeiten zu ›Ghost – Nachricht von Sam‹ waren gerade beendet, und ich hatte Verträge für ein paar andere Filme abgeschlossen. Bei einem dieser Filme, ›Der Mann meiner Träume‹, mußten wir mit einem Menschen mit hellsichtigen Fähigkeiten zusammenarbeiten, um das Drehbuch inhaltlich zu überprüfen. Da ich mittlerweile wußte, was Laura beruflich machte, war sie für diesen Job meine erste Wahl. Die Produktionsfirma Paramount Pictures war begeistert über Lauras unschätzbaren Beitrag, und ich hatte die Gelegenheit, ihre Fähigkeiten besser zu verstehen.

Während des Drehs verbrachten wir viele Stunden gemeinsam und arbeiteten daran, meine Rolle sowie den Film insgesamt zu verbessern. Am Ende einer der ersten Arbeitssitzungen erwähnte Laura beiläufig, daß ich in den nächsten Monaten lieber aufpassen solle, falls ich noch nicht bereit für ein zweites Kind sei. Ich mußte unwillkürlich lachen, weil mein Mann zu dieser Zeit am anderen Ende der Welt, bei Dreharbeiten in Rom war. Ich sagte Laura also, daß sie sich deswegen keine Sorgen zu machen brauche, bedankte mich aber für den Hinweis. Im Laufe der Zeit erwähnte sie dasselbe noch ein- oder zweimal, ließ es dann aber auf sich beruhen. Während wir miteinander arbeiteten, machte sie hin und wieder einige persönliche Bemerkungen, die ich beiläufig in mein Drehbuch schrieb. Es war alles sehr faszinierend, aber es hatte nicht viel mit dem zu tun, was im Augenblick passierte, deshalb dachte ich nicht weiter darüber nach und konzentrierte mich nur auf meinen Film.

Ich dachte nicht im entferntesten daran, was Laura mir ein paar Monate zuvor gesagt hatte, als mein Mann von seinen Dreharbeiten zurückkehrte. Unser Wiedersehen war sehr glücklich und leidenschaftlich, und als ich zur letzten Arbeitssitzung mit Laura kam, fragte sie mich sofort: »Bist du schwanger?« Als sie sah, wie verblüfft ich war, sagte sie: »Herzlichen Glückwunsch!« Sie wußte es einfach! Es stellte sich heraus, daß sie recht hatte.

Als ich anfing, diese Einleitung zu schreiben, suchte ich zunächst nach Notizen, die ich hastig in mein Drehbuch geschrieben hatte, um etwas zu finden, das ihre intuitiven Fähigkeiten erklären könnte. Ich muß sagen, daß sie mich immer wieder überrascht. In meinen Notizen las ich, daß sie nicht nur vorhersagte, welchen Einfluß ein bestimmtes Titelbild einer Zeitschrift auf mein Bild in der Öffentlichkeit haben würde, sondern auch, daß meine Karriere erst mit dreißig so richtig beginnen würde. Ich war damals 27 und reagierte bestürzt. Jetzt, mit 33, erkenne ich, daß sie recht hatte: Einige meiner wichtigsten Filme sind in den letzten paar Jahren entstanden. Wenn ich über meine Karriere nachdenke, habe ich das Gefühl, als würde es jetzt erst so richtig losgehen – zumindest hoffe ich das ...

Laura Day ist eine außergewöhnliche Frau mit außerordentlichen Fähigkeiten, aber am wichtigsten für mich ist, daß sie mir beigebracht hat, an mich selbst und meine Intuition zu glauben. Die Intuition ist nichts anderes als ein innerer Prozeß, der uns bei allen Entscheidungen hilft. Manche Menschen bezeichnen sie als inneres Gefühl, als Instinkt oder als Wahrnehmung, die sie veranlaßt, in die eine oder die andere Richtung zu gehen. Mit der richtigen Anleitung und etwas Übung erhält man ein wertvolles Werkzeug, mit dessen Hilfe man bessere Entscheidungen treffen kann. Die wichtigste Frage lautet nicht, was Intuition ist oder wie sie funktioniert, sondern ob wir bereit sind, ihr und uns zu vertrauen. Ich bin bisher gut zurechtgekommen, weil ich mich auf meine Intuition verlassen habe, aber allzuleicht lassen wir uns von »äußeren« Dingen beeinflussen und suchen dort nach Bestätigung, anstatt in uns zu gehen und dort nach Antworten zu suchen. Wir verändern unser Leben durch das, was wir tun, und je mehr ich meinen Instinkten und meiner Intuition vertraute, desto mehr glaubte ich an mich selbst.

Problematisch wird es nur, wenn wir unsere Intuition anzweifeln oder nicht auf sie hören wollen, weil sie uns in eine Richtung führen könnte, in die wir nicht gehen wollen. In diesem Fall kämpfen wir gegen uns selbst. In der Regel gelangen wir durch diesen Kampf zwar auch zu einer Entscheidung, aber warum müssen wir es uns denn bloß so schwer machen? Es liegt vor allem daran, daß wir nicht wissen, wie wir etwas verändern können, und daran, daß wir unser Leben von Angst und einem mangelnden Selbstvertrauen bestimmen lassen.

Wir müssen uns nicht alleine auf unsere persönliche Reise machen. Als ich nach Antworten suchte, bin ich einigen wundervollen Menschen begegnet, die ähnliche Fähigkeiten wie Laura haben. Es sind Lehrer, die ihre Gabe nutzen und weitergeben wollen, um anderen zu helfen. Als Frau und auch als Mutter habe ich erlebt, wie Laura Menschen anleitet und sie von ihren Ängsten befreit. Durch die praktische Ausrichtung dieses Buches bringt sie Ihnen bei, wie Sie Ihre Intuition in allen Lebensbereichen einsetzen können und wie Sie Ihre persönliche Stärke wiederfinden. Genießen Sie die Reise und betrachten Sie dieses Buch als Landkarte, die Ihnen hilft, sich auf den Pfaden des Lebens zurechtzufinden.

Die sieben Schritte der intuitiven Entwicklung

Aufgeschlossen sein

Wahrnehmen

So tun, als ob

Vertrauen

Berichten

Interpretieren

Integrieren

1

Wie ich meine intuitiven Fähigkeiten entdeckte

Ein Treffen von Wissenschaftlern

Das Mittagessen ist beendet. Champagnergläser werden nachgefüllt, während die Anwesenden auf den Beginn der Vorführung warten. Das riesige Wohnzimmer ist kostbar eingerichtet mit herrlichen Kunstgegenständen und wunderschönen Marmorböden. Die großen Fenster geben an diesem trüben Frühlingsnachmittag den Blick auf Roms berühmte Silhouette frei. In der Ferne erkennt sie den Vatikan und die Spanische Treppe und wendet sich dann der Gruppe zu.

Sie wirkt zierlich, fast wie ein kleines verlassenes Kind, und könnte mit ihren 21 Jahren noch leicht als französisches Schulmädchen durchgehen. Das rotblonde Haar fällt ihr auf die Schultern, sie trägt die Farben Marineblau und Weiß und hat ihre Beine unter dem Faltenrock übereinandergeschlagen. Sie versinkt in den weichen Kissen der riesigen Brokatcouch, und ihre blauen, flachen Schuhe reichen nicht einmal bis zum Boden.

Sie ist nervös, da sie noch nie vor einer Gruppe aufgetreten ist, und schon gar nicht vor einer so erlesenen wie dieser. Sie ist umgeben von einigen Dutzend formell gekleideter Psychologen, Ärzte und anderer Experten. Auch Journalisten sind anwesend, um das Ereignis zu dokumentieren.

Sie inspiziert die Gegenstände auf dem reich verzierten Tisch, der vor ihr steht, und sieht dabei zahlreiche verschlossene Briefumschläge und kleine, verschlossene Schachteln, die Gegenstände enthalten, die von den Anwesenden mitgebracht worden sind. Die Umschläge und Schachteln sehen alle genau gleich aus und sind nicht beschriftet, so daß niemand im Raum weiß, welcher Umschlag beziehungsweise welche Schachtel seinen Gegenstand enthält.

Doktor del Rosso sitzt neben ihr und hält ihr beruhigend die linke Hand. Sie lächelt. Mit seinem grauen, spitzen Bart erinnert er sie an Merlin, den Zauberer.

Alle Anwesenden nehmen Platz und machen es sich bequem. Das Publikum verstummt, als Doktor del Rosso aufs Geratewohl eine der verschlossenen Schachteln auswählt und sie ihr reicht. Sie betrachtet sie einen Moment lang und schaut dann in die Ferne, wie um ihre Gedanken zu sammeln. Währenddessen steuert Doktor del Rosso das Mikrophon auf dem Tisch aus und schaltet den Kassettenrecorder ein.

»21. März 1980«, sagt er auf Italienisch. Er richtet das Mikrophon auf die junge Frau und lehnt sich in der Couch zurück. Sie beginnt.

»Ich sehe Luft, die sich in kleine Löcher hinein- und aus ihnen hinausbewegt ... und Geräusche macht.« Sie spricht langsam, denn Italienisch ist nicht ihre Muttersprache. Obwohl sie fließend spricht, macht sie viele Pausen, um die Details ihrer Eindrücke zu erfassen. Die Journalisten schreiben hastig auf ihren kleinen Notizblöcken mit.

»Holz und Metall ... Dieser Mensch war sehr traurig, als er diesen Gegenstand gekauft hat ... Er ist einsam, weit weg von seiner Familie. Es macht allerdings ein hübsches Geräusch.«

Sie hält inne und ist offensichtlich fertig. Sie gibt die ungeöffnete Schachtel zurück an Doktor del Rosso.

»Wem gehört diese Schachtel?«, fragt er das Publikum.

»Hm, ich glaube, es ist meine«, erwidert Doktor Cosco vorsichtig aus dem hinteren Teil des Raumes.

»Hat sie Ihren Gegenstand identifiziert? Würden Sie sie gerne dazu befragen?«

»Signorina«, sagt Doktor Cosco, »wenn Sie bitte die Schachtel öffnen würden.«

Sie öffnet sie und holt eine Mundharmonika aus Holz und Metall hervor. Sie reicht sie Doktor del Rosso, der sie nun hochhält, damit jeder sie sehen kann. Viele Ohs und Ahs sind zu hören, als das Publikum erkennt, wie genau die intuitive Beschreibung der jungen Frau war.

Doktor Cosco erläutert, welche Bedeutung die Mundharmonika für ihn hat: »Ich habe sie gekauft, als ich meinen Wehrdienst antreten und deshalb von zu Hause weggehen mußte. Ich habe sie während meiner ganzen Militärzeit bei mir getragen. Ich wollte nicht weggehen. Ich habe so viel zurückgelassen ...« Er verliert sich in Träumereien, während Doktor del Rosso mit der Vorführung fortfährt.

»Geben Sie ihr noch eine Schachtel«, weist er seine Assistentin an. Sie holt eine längliche Schachtel und reicht sie der jungen Frau, derentwegen sie alle heute nachmittag hierhergekommen sind. Diesmal schüttelt sie jedoch den Kopf. Doktor del Rossos Assistentin nickt zustimmend.

»Ich möchte diese Schachtel nicht anfassen. Ich bilde mir das wahrscheinlich nur ein, aber es fühlt sich an wie ein Messer.«

Mit einer hochgezogenen Augenbraue bedeutet Doktor del Rosso seiner Assistentin, die Schachtel zu öffnen. Sie zieht einen Brieföffner heraus, der die Form eines Messers hat. Daraufhin ertönen noch mehr Ohs und Ahs, graue Bärte werden verwundert gestrichen, und die angesehenen Ärzte nicken wissend mit dem Kopf.

»Wer hat ein Foto mitgebracht?«

Ein älterer Professor hält einen verschlossenen Umschlag hoch und kommt nach vorne. Er reicht ihn der Assistentin, die ihn ihrerseits an die junge Frau weitergibt. Diese hat in der Zwischenzeit ihre Schuhe ausgezogen, ihre Knie angezogen und auf der Couch eine bequemere Haltung eingenommen. Bevor sie zu sprechen beginnt, wird sie von einem anderen Professor unterbrochen.

»Wie machen Sie das?« fragt er aufgeregt.

»Ich weiß es nicht.«

Noch bevor sie zu Ende gesprochen hat, verkündet der Fragesteller eine komplizierte, wissenschaftlich klingende Hypothese über ihre Fähigkeit, die er auf den Streß eines frühen Kindheitstraumas zurückführt. Doktor del Rosso unterbricht seine »Erklärung«.

»Bitte.«

Jeder ist gespannt vor Aufmerksamkeit, als die junge Frau zu sprechen beginnt.

»Es ist eine Frau. Auf dem Bild ist sie jung, aber ich glaube, daß sie jetzt schon ziemlich alt ist ... Ich höre Französisch. Es gibt unheimlich viel Eisen im Haus; irgend jemand arbeitet mit Eisen ... Ich sehe auch viele Gemälde in der Umgebung der Frau, aber ich rieche Eisen.«

Doktor del Rosso fragt die Zuhörer, ob sie Fragen stellen möchten, worauf Doktor Pucci nach vorne kommt.

»Lebt sie allein? Ist sie verheiratet?«

»Ja, sie ist verheiratet ... Nein, vielleicht nicht. Nein. Sie lebt mit einem Mann zusammen, aber ich habe nicht das Gefühl, als ob ... sie ...«

Sie sieht verlegen zur Seite. Sie möchte sagen, daß sie nicht das Gefühl hat, daß der Mann und die Frau ein sexuelles Verhältnis haben, aber sie weiß nicht, wie sie das auf dezente Weise ausdrücken soll.

»Vielleicht ein Verwandter ... Er ist älter ... vielleicht lebt er jetzt nicht mehr. Sie ist Künstlerin. Sie hat nie geheiratet ... Jetzt lebt sie allein. Ihr Rücken tut weh, und sie hat deswegen einen seltsamen Gang ... Sie ist jetzt alt. Ich möchte sie gerne sehen.«

Die junge Frau fängt an, den Umschlag zu öffnen, aber Doktor del Rosso unterbricht sie. »Warten Sie, vielleicht hat Professor Pucci noch weitere Fragen.«

»Nein, ich möchte sie jetzt sehen«, erklärt sie überraschend bestimmt für jemanden, der so zurückhaltend ist. Sie öffnet den Umschlag, und das verblaßte Bild eines schönen jungen Mädchens kommt zum Vorschein.

Doktor Pucci richtet sich an das Publikum: »Das ist ein Bild meiner Schwester. Ja, halten Sie das Bild in die Höhe, Signorina. Danke. Natürlich wurde es schon vor einiger Zeit aufgenommen, als wir noch viel jünger waren. Mein Vater hat seinen Lebensunterhalt mit Eisenhandel verdient, bis er krank wurde. Meine Schwester hat sich um ihn gekümmert, bis er gestorben ist.«

»Aber was ist mit dem Französisch, sie hat gesagt, sie hat Französisch gehört«, ruft jemand.

»Unser Haus befindet sich in Südfrankreich«, sagt Doktor Pucci. »Meine Schwester war Künstlerin und hat nie geheiratet.«

Die junge Frau ist tief bewegt. Sie betrachtet das Foto. »Sie war so hübsch«, sagt sie zu sich selbst. »Traurig. Ich mag diese Frau.«

Doktor del Rosso wendet sich an die versammelten Gäste und weist auf die junge Frau neben ihm. »Diese Versuchsperson hat eine der außerordentlichsten Fähigkeiten übersinnlicher Wahrnehmung, die ich je gesehen habe. Sie kann diese Fähigkeit natürlich nicht erklären, weil es offensichtlich etwas ist, das schon immer da war, und da sie ja keine Wissenschaftlerin ist, kann sie diese Fähigkeit auch nicht analysieren. Doktor Lagambina und ich haben eine Theorie, warum sie sich auf diese Weise entwickelt hat. Einige der Entwicklungsaspekte sind offensichtlich, obwohl wir weder die psychologischen noch die physiologischen Möglichkeiten untersucht haben, die eine Funktion – oder, wenn Sie wollen, eine Funktionsstörung – dieses Typs von ...«

Die junge Frau scheint nicht zuzuhören. Sie hält das alte ramponierte Foto wehmütig in den Händen und denkt an Doktor Puccis dunkelhaarige Schwester.

Seit diesem Nachmittag sind 15 Jahre vergangen, aber ich erinnere mich daran, als wäre es gestern gewesen. Wie Sie sich vielleicht schon gedacht haben, war ich die junge Frau auf der Couch. Ich wurde bei vielen anderen Gelegenheiten getestet und übe seitdem einen Beruf aus, in dem ich meine intuitiven Fähigkeiten praktisch einsetze (ich ziehe diese Bezeichnung dem esoterischen Begriff »übersinnliche Fähigkeiten« vor – der zwar populärer ist, aber in die falsche Richtung führt).

Ich habe dieses Buch geschrieben, um Ihnen zu zeigen, daß auch Sie diese Fähigkeiten entwickeln können, die ich seit meiner Kindheit nutze.

Die Entdeckung einer Begabung

Ich werde oft gefragt, wie ich gelernt habe, meine intuitiven Fähigkeiten zu nutzen. Das ist so, als ob man einen einbeinigen Mann fragen würde, wie er gelernt hat zu hüpfen. Wenn man ein Bein verliert, ist man gezwungen, das andere zu trainieren und zu benutzen.

Ich fühlte mich durch eine frühzeitige Erwachsenenrolle überfordert, mit der ich aufgrund familiärer Probleme konfrontiert war. Wie alle Kinder brachte auch ich weder die intellektuellen noch die emotionalen Voraussetzungen mit, mich wie eine Erwachsene zu verhalten. Um dieses Manko zu kompensieren, blühten meine intuitiven Fähigkeiten auf. Ich entwickelte meine Intuition als Überlebensstrategie, und seitdem ist sie mir von großem Nutzen.

Ich kann mich nicht an eine Zeit erinnern, in der ich keine starken intuitiven Ahnungen gehabt hätte. Als ich zwölf Jahre alt war, fiel meine Mutter in ein Koma, und keiner rechnete damit, daß sie sich jemals wieder erholen würde. Trotzdem hatte ich das Gefühl, daß sie überleben würde. Obwohl ich über die Einzelheiten ihres Zustands nicht informiert wurde, hatte ich eine klare Vorstellung davon, was in ihrem Körper nicht funktionierte.

Jeden Tag, wenn ich ins Krankenhaus ging, hatte ich instinktiv das Bedürfnis, auf eine bestimmte Weise zu atmen, bis mein Körper ganz warm wurde. Vor meinem geistigen Auge konnte ich alle Körperpartien meiner Mutter sehen, die geheilt werden mußten, und ich schickte diese Wärme – diese Energie – dorthin.

Zwei Wochen später wachte meine Mutter aus dem Koma auf und erholte sich im Laufe der Zeit vollständig. Sie erzählte mir, daß sie fühlen konnte, wie ich sie zurückzog, während sie im Koma lag. Mit den Jahren hatte ich immer mehr Mut, Informationen, die ich erhielt, an Menschen in Not weiterzugeben. Obwohl ich mich natürlich nie »entschieden« habe, dies zu meinem Beruf zu machen, hatte ich wenig Zeit für andere Dinge, und da hat es sich eben so ergeben.

Wie es bei Kindern so oft der Fall ist, begriff ich erst als Teenager, daß nicht jeder die Dinge genauso wahrnahm wie ich. Ich fand heraus, daß meine Gesprächspartner mich bestenfalls eigenartig und schlimmstenfalls unheimlich fanden, wenn ich von den Ahnungen sprach, die mir während eines Gesprächs »kamen«.

Meine Familie hat diese Fähigkeiten sicherlich nicht gefördert. Seit drei Generationen gibt es in unserer Familie Ärzte. Obwohl mein Vater respektiert, daß ich daran glaube, was ich tue, und auf meine Weise einen Beitrag in der Welt leiste, bin ich doch sicher, daß er es lieber gesehen hätte, wenn ich einen traditionelleren Beruf gewählt hätte.

Einem Sprichwort zufolge taucht der Lehrer auf, wenn der Schüler für ihn bereit ist. Ich war als junger Teenager »bereit«, und eine Reihe von Lehrern und Mentoren trat in mein Leben. Ich hatte das Glück, viele Menschen aus spirituellen sowie wissenschaftlichen Kreisen zu treffen, die mir halfen zu verstehen, daß meine Wahrnehmungen eine nützliche und gar nicht so ungewöhnliche Fähigkeit sind, die auf ethische und verantwortungsvolle Weise entwickelt und genutzt werden sollte.

Meine Großmutter erzählte mir einmal, daß sie meinem Großvater als junge Frau bei seinen medizinischen Forschungen im Labor half. Da sie nicht sehr viel Ahnung von Medizin hatte, bestand ihre Aufgabe vor allem darin aufzuräumen und sich durch andere kleine Hilfsdienste nützlich zu machen. Doch ab und zu, wenn mein Großvater bei einem Experiment nicht weiterwußte, kam ihr die Lösung wie »aus dem Nichts«.

Offensichtlich gibt es in meiner Familie eine Tradition der intuitiven Fähigkeiten. Zu Zeiten meiner Großmutter mußte man diese Fähigkeit jedoch geheimhalten. Ich habe das Glück, in einer Zeit zu leben, in der die Intuition nicht nur akzeptiert, sondern auch geschätzt wird.

Als ich Anfang Zwanzig war, habe ich meinen ersten Intuitionskurs gegeben. Was bis dahin nur eine nützliche Fähigkeit gewesen war, wurde plötzlich zu meinem »offiziellen« Beruf. Jetzt werde ich Ihnen mitteilen, was ich während der letzten drei Jahrzehnte über die Intuition gelernt habe, und Ihnen dabei helfen, eine Begabung wiederzuentdecken, die Sie schon immer besessen haben.

2
Wie Sie Ihre Intuition nutzen können

Das Ende eines Zeitalters

Das zweite Jahrtausend geht seinem Ende zu, und die Grenzen der Logik, der Rationalität und der »wissenschaftlichen Methoden« als die einzigen Mittel, unser Leben zu lenken, werden auf allzu schmerzhafte Weise deutlich. Zunehmend wendet sich unsere Welt Formen der Wahrnehmung zu, wie zum Beispiel der Intuition und dem Glauben, die nicht auf Beweisen gründen, die von unseren fünf Sinnen erfaßt werden.

Das zu große Vertrauen auf eine »lineare« Denkweise, die das moderne Zeitalter charakterisiert, ist ein relativ neues Phänomen der Menschheitsgeschichte. Ihr bedeutendster Vertreter war wohl der französische Philosoph der Aufklärung, René Descartes, der eine intellektuelle Tradition weiterführte, deren Wurzeln bis ins antike Griechenland zurückreichen. Das alte Griechenland – der Geburtsort von Logik, Philosophie und wissenschaftlichen Methoden – war aber auch das Land des Orakels von Delphi. Die alten Griechen erkannten die Unvollkommenheit des rationalen Denkens, das die Unterstützung der Intuition braucht. Wenn Sie dieses Buch durchlesen, werden Sie erkennen, daß die intuitive Methode mindestens so exakt sein kann wie die »wissenschaftliche«.

Die Wiederentdeckung der Intuition

In der heutigen Zeit hat die Intuition einen zweifelhaften Ruf. Nach landläufiger Meinung ist sie nicht faßbar, mystisch, unzuverlässig – und deshalb eine Domäne der Frauen. Sofern man Männern überhaupt zugesteht, intuitiv zu sein, spricht man von »einem bestimmten Gefühl«, »Instinkten« oder »Reaktionen aus dem Bauch heraus«.

Allerdings handelt es sich dabei um Mißverständnisse und Fehleinschätzungen. Frauen sind *nicht* intuitiver als Männer. Vielleicht sprach man den Frauen Intuition zu, weil sie nicht als rationaler Prozeß galt. Rationalität dagegen galt als Domäne männlichen Denkens. Tatsache ist, daß die Aufgaben und Arbeiten, die traditionell als »Frauenarbeit« galten, sehr wenig Intuition erfordern.

Ich habe dieses Buch geschrieben, um zu zeigen, daß Männer und Frauen in gleichem Maße intuitiv sind und die gleichen Voraussetzungen mitbringen, dieses wirksame Mittel in ihrem täglichen Leben einzusetzen.

Wie ich die Intuition nutze

Seit fast zwei Jahrzehnten setze ich in den USA und in Europa meine Intuition praktisch ein. Meine intuitiven Fähigkeiten wurden durch Untersuchungen von Universitätsprofessoren zweier Kontinente bestätigt. Übrigens: ein intuitiver Mensch ist ganz einfach jemand, der die Intuition in seinem täglichen Leben beziehungsweise im Beruf bewußt nutzt. Ich sage »er nutzt sie bewußt«, weil Sie in Kürze sehen werden, daß Sie sie ständig *unbewußt* nutzen.

Obwohl die Intuition als etwas Übersinnliches gesehen wird, versichere ich Ihnen, daß man sie auf ganz praktische Art anwenden kann. Mit etwas Übung, die Sie durch dieses Buch bekommen werden, kann sie Ihnen präzise, praktische, zuverlässige – kurz: nützliche Informationen liefern.

Wie nützlich sind diese Informationen? Die Menschen, die sich an mich wenden, stehen mit beiden Beinen im Leben. Ich habe mit Ärzten, Anwälten, hohen Beamten, Politikern und Investoren sowie mit Schauspielern und bekannten Persönlichkeiten gearbeitet.

Ich habe meine Intuition in jedem vorstellbaren praktischen Anwendungsbereich eingesetzt:

- um verschwundene Menschen an Orten aufzuspüren, die ich nie gesehen hatte;
- um Börsenangebote zu analysieren und sechs Monate im voraus den Goldpreis sowie den Dow-Jones-Index vorherzusagen;
- um Krankheiten zu diagnostizieren, die Ärzten Kopfzerbrechen bereiteten, und um die Wirksamkeit neuer Medikamente vorauszusagen;
- um Strategien für Gerichtsverhandlungen zu entwickeln und die Antworten der Gegenanwälte vorherzusehen;
- aus Spaß, um Geld zu verdienen und um auf Pferde zu setzen.

Auch Sie können das.

Sie wundern sich vielleicht, wie es möglich ist, daß ich mich auf so vielen Gebieten auskenne. Abgesehen von der Medizin weiß ich fast nichts über die anderen Bereiche. Wie Sie bald feststellen werden, kommt Ihre Intuition um so stärker ins Spiel, je *weniger* Sie über eine Sache oder ein Thema wissen!

Ein Investor setzt Milliarden auf seine Intuition

Man kann mit Recht behaupten, daß George Soros der größte Investor aller Zeiten ist. Hätten Sie das Glück gehabt, vor 25 Jahren Geld in ihn zu investieren, hätten Sie zusehen können, wie es sich alle zwei bis drei Jahre verdoppelt! Soros verdient als Investor in einem Jahr mehr (rund 650 Millionen Dollar) als jeder andere in der Geschichte der Börse. Um das zu erreichen, investiert er routinemäßig Millionensummen.

Wenn Sie Professoren der Finanzwissenschaft oder Betriebswirtschaft fragen, ob jemand ständig den Marktdurchschnitt schlagen kann, werden diese Ihnen antworten, daß es mathematisch und wissenschaftlich unmöglich ist. Vielleicht ist das so, wenn man seine Investitionsentscheidungen ausschließlich auf Mathematik und Wissenschaft gründet, was Soros, wie er in einem Moment der Offenheit erklärte, nicht tut.

In seinem kürzlich erschienenen Buch ›Soros über Soros‹ wurde er gefragt, ob er ein streng methodisches (das heißt quantitatives, wissenschaftliches, objektives) Verfahren anwendet, um Verluste einzudämmen, wenn seine Investitionen schlecht positioniert sind, und wie er herausfindet, daß die Dinge (also auch seine Logik) in die falsche Richtung laufen. Hier ist seine Antwort:

»Ich fühle den Schmerz. *Ich verlasse mich sehr auf natürliche Instinkte.* Als ich den Fonds noch aktiv leitete, litt ich unter Rückenschmerzen. Ich deutete eine Schmerzattacke als Hinweis, daß mit meinen Investitionen etwas nicht stimmte. Die Rückenschmerzen sagten mir nicht, was verkehrt war – etwa: unterer Rücken für kurzfristige Anlagen, linke Schulter für Wechselkurse – aber sie brachten mich dazu, nach etwas zu suchen, das nicht ganz stimmig war. So etwas hätte ich sonst nicht getan. Und es ist nicht gerade die wissenschaftlichste Art und Weise, Investitionen zu plazieren.«

Vielleicht ist dies nicht die wissenschaftlichste Art zu investieren, aber man kann nichts gegen Soros' unglaubliche Erfolge einwenden. Damit möchte ich Ihnen nicht raten, Ihr Geld aus Ihrem Investmentfonds abzuziehen, wenn Sie morgen früh mit Rückenschmerzen aufwachen. Vergessen Sie nicht, daß Soros ein scharfsinniger Denker ist, der das wirtschaftliche, politische und psychologische Klima ganz genau analysiert, bevor er investiert. Es ist allerdings faszinierend, daß er sich auf seine Intuition verläßt, wenn seine Logik falsch ist.

Auch Sie können das lernen.

Warum ich dieses Buch geschrieben habe

Es ist nicht mein Ziel, Sie dazu zu bringen, Ihre Intuition zu Ihrem Beruf zu machen. Ich möchte Ihnen vielmehr zeigen, wie sich die Intuition im täglichen beruflichen und privaten Leben anwenden läßt. Was mir bei meiner Arbeit am besten gefällt, ist, Menschen beizubringen, ihre natürlichen intuitiven Fähigkeiten wiederzuentdecken und weiterzuentwikkeln.

Ich werde Ihnen zeigen, wie Sie Ihre Intuition einsetzen können, um Verbesserungen in jedem Lebensbereich zu erzielen; wie Sie verlorenes Wissen über Ihre Vergangenheit wiedergewinnen, wie Sie unbekannte Informationen über die Gegenwart nachprüfen oder Dinge über die Zukunft vorhersagen können.

Die Intuition kann Sie in die Lage versetzen, in jeder Situation produktiv und aktiv zu sein. Im Zuge der zunehmenden Spezialisierung in der ganzen Welt wird es immer schwieriger, informiert zu bleiben. Wir überlassen unsere Entscheidungen den Experten und Spezialisten, die es »besser wissen«, wie zum Beispiel Ärzte, Anwälte, Automechaniker oder Versicherungsvertreter.

Mit Intuition können Sie einen gewissen Grad an Kompetenz und Kontrolle über diese Lebensbereiche zurückerlangen. Ich werde Ihnen zeigen, wie Sie praktische Informationen über alles mögliche erhalten, ob über einen medizinischen Befund, über den Sie nichts wissen, oder über den Defekt einer Maschine, deren Innenraum unzugänglich ist.

Am allermeisten aber wird Ihnen Ihre Intuition dabei helfen, Entscheidungen zu fällen. Ich werde Ihnen zeigen, wie Sie Ihre Intuition mit Ihren Gefühlen und Ihrer Urteilskraft kombinieren können, um Ihre Entschlußkraft erheblich zu vergrößern.

Die Intuition sollte in Ihr Leben integriert sein wie Sport oder Meditation. Wenn Sie Ihre Intuition mit einbeziehen, werden Sie offener und Sie bereichern damit sowohl Ihr Denken als auch Ihr Fühlen.

Mein Buch ist praktisch

Dies ist weder ein spirituelles oder esoterisches Buch über die geheimnisvolle Anwendung der Intuition, noch ist es ein theoretisches Buch für Philosophen, Psychologen oder andere mit einem rein akademischen Interesse an diesem Thema (obwohl ich davon ausgehe, daß das Thema auch ihnen einige Denkanstöße liefern wird).

Läßt sich Intuition praktisch einsetzen? Ja! Wie das funktioniert, kann ich immer noch nicht mit aller Sicherheit sagen, aber ich werde später einige Vermutungen vorstellen. Zum Glück müssen wir nicht wissen, wie es geht, um die Intuition zu nutzen.

Dies ist ein Buch darüber, wie Sie Ihre Intuition einsetzen können, um die wesentlichen Fragen Ihres täglichen Lebens zu beantworten. Es stellt alles Notwendige bereit, damit Sie Ihr intuitives Potential voll ausschöpfen können. Und ich werde Sie bei jedem Schritt an die Hand nehmen.

Übung macht den Meister

Sie entwickeln Ihre intuitiven Fähigkeiten, indem Sie sie bewußt praktisch anwenden, und nicht, indem Sie Bücher darüber lesen. Lesen ist vor allem eine intellektuelle Handlung, und Ihr Verstand kann Ihrer Intuition in die Quere kommen.

Sie müssen daher ein paar Übungen machen – und zwar dieselben, die ich seit fast 20 Jahren in meinen Workshops anwende. Ich weiß, daß sie funktionieren, und außerdem machen sie Spaß.

Damit Sie Ihre Ergebnisse mit anderen vergleichen können, gebe ich Ihnen ein paar typische Beispiele von Kursteilnehmern. Ich habe dabei darauf geachtet, *typische* Antworten auszuwählen, mit »Fehlern« und allem Drum und Dran.

Was Sie brauchen

Um von den Übungen in diesem Buch am meisten zu profitieren, ist es hilfreich, einen Kassettenrecorder zu benutzen. Es ist am besten, Ihre Intuition so zu trainieren, daß Sie sie auf dieselbe Weise auch im Alltag einsetzen können. Das bedeutet, daß Sie Ihre Eindrücke laut aussprechen sollten, anstatt sie niederzuschreiben. Auf diese Weise kann ein Recorder Ihre Antworten für eine spätere Abschrift aufnehmen.

Ein weiterer Vorteil des lauten Aussprechens ist, daß Ihr reflektierender Verstand weniger Zeit hat, in den intuitiven Prozeß einzugreifen.

Sie können bei den Übungen auch mitschreiben, da es jedoch besser ist, ununterbrochen zu sprechen, haben die meisten Menschen Schwierigkeiten, ihre Eindrücke schnell genug aufzuschreiben. Wenn Sie mitschreiben können, ist das in der Regel ein Indiz dafür, daß Ihre Eindrücke nicht intuitiv sind.

Da Sie sich in den folgenden Kapiteln durch zahlreiche Übungen arbeiten werden, wäre eine Mappe mit losen Blättern am besten. Verwenden Sie für jede Übung ein neues Blatt, so daß Sie die Ergebnisse der verschiedenen Übungen miteinander vergleichen können. Bewahren Sie alle beschriebenen Blätter in Ihrer Mappe auf. Nachdem Sie Ihre Antworten auf Kassette aufgenommen haben, können Sie sie auf die Blätter übertragen.

Wie dieses Buch aufgebaut ist

Die meisten Kapitel in diesem Buch sind kurz und stellen in sich geschlossene Einheiten dar. Im ganzen Text sind Übungen eingestreut und in einer bestimmten Reihenfolge angeordnet; jede bildet die Grundlage für die darauffolgende. Überspringen Sie deshalb nichts, beginnen Sie von vorne und lesen Sie das Buch in der richtigen Reihenfolge durch.

Sie verstehen den Sinn einer Übung vielleicht nicht immer

Gelegentlich werde ich Sie auffordern, eine Übung zu machen, deren Sinn erst nach einigen Kapiteln offenkundig wird. Einige Leser finden das vielleicht frustrierend, aber es ist Teil des Lernprozesses. Vertrauen Sie einfach darauf, daß Sie von den Übungen profitieren werden, wenn Sie sie gewissenhaft ausführen – auch wenn Sie zunächst nicht verstehen, wozu ich Sie auffordere.

Wenn es Ihnen lieber ist, ignorieren Sie einfach, was ich sage

Ich möchte noch einmal wiederholen, daß dies ein praktisches Buch ist. Die einzige Möglichkeit, Ihre intuitiven Fähigkeiten weiterzuentwickeln, besteht darin, sie einzusetzen. Der Text in den einzelnen Kapiteln sagt Ihnen etwas über die Intuition, um Ihre Neugier zu befriedigen und allgemeine Fragen zu beantworten. Es ist aber gut möglich, daß Sie Ihre intuitiven Kräfte entwickeln können, ohne zu verstehen, was Sie da genau tun und warum. Ich mache also keinen Witz, wenn ich sage, daß Sie (falls Sie wenig Zeit haben und das Buch überfliegen müssen) Textpassagen überspringen und Ihre Aufmerksamkeit ausschließlich auf die Übungen richten können.

Lassen Sie sich Zeit

Dieses Buch für die Ausbildung Ihrer Intuition zu verwenden, ist für Ihren Geist so, als ginge er in ein Fitneßstudio. Wenn Sie die Übungen machen, erweitern Sie Ihre Fähigkeit, Ihre Intuition auf praktische Weise zu nutzen. Jede Übung zielt auf eine andere intuitive Fähigkeit, zum Beispiel, etwas wahrzunehmen, davon zu berichten oder die Eindrücke auszuwerten. Im wesentlichen bringen Sie Ihrem Unbewußten bei, die vielen Elemente zur Verfügung zu stellen, die zu einem Reading[1] gehören, und zwar so, daß Ihr Verstand Gebrauch davon machen kann.

Versuchen Sie, dieses Buch nicht in einem Zug durchzulesen. Die Wiederentdeckung und Entfaltung Ihrer intuitiven Fähigkeiten ist nichts, was über Nacht geschieht. Es empfiehlt sich daher, viele der Übungen, obwohl sie einfach sind, täglich zu machen.

1 Ein Reading ist eine Sitzung, in der bewußt mit Intuition gearbeitet wird.

Schielen Sie nicht auf die Antworten!

Die zahlreichen Übungen, die im Buch verteilt sind, gehören zu Antworten, die jeweils ein paar Seiten weiter am unteren Seitenende stehen. Wenn Sie Ihre Antworten auf eine bestimmte Übung überprüfen wollen, sollten Sie Ihre Augen dabei nicht wandern lassen. Sogar ein ganz kurzer Blick ist für Ihr Unterbewußtsein genug, um die Information zu speichern, die eigentlich Ihre Intuition entdecken soll.

Vergessen Sie nicht, auf sich zu achten

Während der nächsten Tage und Wochen werden Sie sehr hart arbeiten. Dabei werden Sie Bereiche trainieren, die Sie bisher nicht einmal berührt haben. Ihr Geist und Ihr Körper benötigen all die Ruhe und Pflege, die sie bekommen können.

Verlagern Sie Ihre Aufmerksamkeit so weit wie möglich auf Dinge, die Sie davor bewahren, zu sehr abzuheben. Achten Sie auf eine gesunde Ernährung, gehen Sie spazieren, treiben Sie Sport, machen Sie Stretchingübungen und lassen Sie sich massieren.

Alsdann, fangen wir an. Da dieses Buch Ihnen dabei helfen soll, Ihre intuitiven Fähigkeiten zu entwickeln und sie für *Ihr* Leben zu nutzen, werde ich Sie in den folgenden Kapiteln auffordern, sich mit Ihren Zielen, Werten und Prioritäten auseinanderzusetzen.

3

Finden Sie heraus, was Ihnen wirklich wichtig ist

Wer sind Sie eigentlich?

Man sagt, daß das Leben eines jeden Menschen letztlich auf eine einzige Frage zurückzuführen ist. Ein Ziel im Leben ist, diese Frage zu »leben« und nach ihrer Antwort und nach der Bedeutung zu suchen, die sie für uns persönlich hat. Um bei dieser letzten Frage anzukommen, müssen viele vorausgehende Fragen gestellt und beantwortet werden. Allmählich begreift man die Beziehungen der Fragen zueinander, bis sich schließlich eine einzige herauskristallisiert. Das geschieht nicht durch Informationen aus empirischen Quellen, sondern indem man sich selbst befragt. Dadurch erhält man Zugang zu verborgenem Wissen, von dessen Existenz man nicht einmal wußte.

Diese Methode, eine Frage mit einer Frage zu beantworten, die eine noch größere Wahrheit aufdeckt, ist ein fundamentaler Bestandteil vieler religiöser Traditionen, einschließlich der jüdischen, der jesuitischen und des Zen. Indem man tiefgreifende, fruchtbare Fragen findet, wird die

Bedeutung klar und das Fragen auf eine höhere Stufe des Verstehens gebracht. Diese Fragen führen uns an unbekannte Orte und machen uns dann mit ihnen bekannt.

Ein scharfsinniger Psychotherapeut hat einmal zu mir gesagt: »Sie wollen Antworten auf Fragen, die nur Ihnen einfallen.« Damals dachte ich, daß er damit meine intellektuelle Überlegenheit bestätigte. Aber mittlerweile habe ich erkannt, daß bestimmte Fragen so stark mit unserer Individualität verknüpft sind, daß die Antworten nur aus uns selbst kommen können. Oft ist das allerdings der letzte Ort, an dem wir nach ihnen suchen.

Die Aufgabe der Intuition besteht darin, uns an diese Antworten heranzuführen, die Aufgabe des Verstands und des Gefühls ist es, sie zu formulieren.

Dieses Buch wird Ihnen dabei helfen, Ihre Fragen zu beantworten, indem es diese an Sie zurückgibt. In der Tat können nur Sie selbst die elementaren Fragen Ihres Lebens beantworten. Es erstaunt mich immer wieder, daß wir von Bereichen wie Philosophie, Religion und Intuition erwarten, daß sie uns Fragen wie »Was ist die Bedeutung des Lebens?« beantworten. Gleichzeitig glauben wir nicht daran, daß das individuelle »Ich«, das diese Philosophien hervorbringt, einfache Fragen beantworten kann, wie zum Beispiel: »Wird der Goldpreis im Februar steigen?« oder: »Wo um alles in der Welt habe ich meine Autoschlüssel liegenlassen?« oder die ernsthaftere Frage: »Wie kann ich meine Beziehung erfolgreicher gestalten?«

Es sind die kleinen Fragen, die das Leben ausmachen.

Intuition in Aktion

Die Geschichte eines Kursteilnehmers

Ich bin Arzt. Ich erinnere mich, wie ich eines Tages mein Mittagessen zwischen zwei Terminen hinunterschlang. Nach dem Mittagessen hatte ich einen Termin mit einer Patientin mittleren Alters. Als ich an meinem Sandwich kaute, spürte ich, daß etwas mit ihrer Schilddrüse nicht stimmen könnte. Dabei dürfen Sie nicht vergessen, daß ich sie vorher noch nie gesehen hatte. Ich machte mir im Geist eine Notiz, ihre Schilddrüse gründlich zu untersuchen, obwohl sie keine Beschwerden hatte und nur zur jährlichen Routineuntersuchung gekommen war. In der Tat sah sie vollkommen gesund aus.

Ich führte trotzdem eine Reihe von Schilddrüsentests bei ihr durch. Einige Tage später erhielt ich die Laborbefunde. Sie zeigten verdächtig niedrige Werte der Hormone Thyroxin und Calcitonin an.

Aufgrund dieser Ergebnisse bestellte ich die Patientin zu einer eingehenderen Untersuchung in meine Praxis. Ein Radiologe bestätigte meine intuitive Diagnose. Er fand ein fast unsichtbares Knötchen an ihrer Schilddrüse, das vorher nicht entdeckt worden war. Ich überwies meine Patientin an einen Spezialisten, der ihren Zustand rechtzeitig behandelte und somit möglichen gefährlichen Komplikationen vorbeugte.

Dies ist nur eins von vielen Beispielen dafür, wie ich die Intuition im Berufsleben mit einbeziehe, seitdem ich gelernt habe, sie zu nutzen. Ich würde nie allein aufgrund eines intuitiven »Treffers« handeln, aber die Intuition versagt nur selten dabei, vielversprechende »Hinweise« zu geben.

Wie Sie Ihre Prioritäten herausfinden

Der folgende Fragebogen hilft Ihnen dabei, genau die Informationen festzulegen, die Sie brauchen, um vom nächsten Kapitel voll zu profitieren. Es ist auch Ihre erste Übung, um die Tür zur Intuition zu öffnen.

Übung 1

Sich selbst kennenlernen

Teil I

Nehmen Sie Ihre *erste* Antwort auf jede der folgenden Fragen auf eine Kassette auf, auch wenn sie scheinbar keinen Sinn ergibt. Seien Sie ehrlich und versuchen Sie nicht, besonders schlau zu sein oder auf eine Art zu antworten, von der Sie meinen, daß sie mich oder andere beeindruckt. Fassen Sie sich kurz; manchmal genügt schon ein Wort. Sie haben bald Gelegenheit, reflektiertere Antworten zu geben.

Obwohl diese Übung nur kurze Antworten erfordert, möchten Sie vielleicht, daß ein Freund oder eine Freundin Ihnen die Fragen vorliest und Ihre Antworten mitschreibt. Wenn nicht, verwenden Sie Ihren Kassettenrecorder.

Vergessen Sie nicht, daß Sie spontan antworten sollen. In Ordnung? Hier sind die Fragen:

- Was möchten Sie im Moment?
- Was brauchen Sie im Moment?
- Was ist im Moment Ihre größte Angst?
- Was ist im Moment Ihr innigster Wunsch?
- Was brauchen Sie im Moment, um glücklich zu sein?
- Was ist im Moment Ihr Ziel?
- Was ist im Moment Ihre größte Begabung?

- Was ist im Moment Ihr größtes Hindernis?
- Inwiefern sind Sie im Moment selbst Ihr schlimmster Feind?
- In welchem Lebensbereich sind Sie im Moment am zufriedensten?
- Was fehlt im Moment in Ihrem Leben?
- Auf welchem Gebiet Ihres Lebens würden Sie im Moment für das kommende Jahr am liebsten eine Veränderung sehen?
- Was ist Ihre Lebensaufgabe?

Teil II

Gehen Sie Ihre Antworten auf die vorherigen Fragen noch einmal durch. Ich möchte nun, daß Sie über jede der folgenden Fragen *nachdenken*, bevor Sie darauf antworten. Diesmal werden Ihre Antworten länger sein als in Teil I, aber Sie sollten trotzdem versuchen, sich kurz zu fassen. Wenn Sie steckenbleiben, betrachten Sie noch einmal Ihre ersten Antworten.

Und hier die Fragen:

- Wenn Sie darüber nachdenken, was möchten Sie?
- Wenn Sie darüber nachdenken, was brauchen Sie?
- Wenn Sie darüber nachdenken, was ist Ihre größte Angst?
- Wenn Sie darüber nachdenken, was ist Ihr innigster Wunsch?
- Wenn Sie darüber nachdenken, was brauchen Sie, um glücklich zu sein?
- Wenn Sie darüber nachdenken, was ist Ihr Ziel?
- Wenn Sie darüber nachdenken, was ist Ihre größte Begabung?
- Wenn Sie darüber nachdenken, was ist Ihr größtes Hindernis?
- Wenn Sie darüber nachdenken, inwiefern sind Sie selbst Ihr schlimmster Feind?
- Wenn Sie darüber nachdenken, in welchem Lebensbereich sind Sie am zufriedensten?
- Wenn Sie darüber nachdenken, was fehlt in Ihrem Leben?

- Wenn Sie darüber nachdenken, auf welchem Gebiet Ihres Lebens würden Sie für das kommende Jahr am liebsten eine Veränderung sehen?
- Wenn Sie darüber nachdenken, was ist Ihre Lebensaufgabe?

Schreiben Sie Ihre Antworten in Ihr Intuitionstagebuch. Wenn Sie einen Kassettenrecorder benutzt haben, übertragen Sie den Wortlaut genau in Ihre Mappe.

Vergessen Sie nicht, diese Übung mit einer 1 zu versehen und das Datum zu notieren.

Antworten einer Kursteilnehmerin

Die folgende Abschrift ist ein gutes Beispiel für typische Antworten von Kursteilnehmern. Als Zusatzinformation verrate ich Ihnen, daß es sich um Antworten einer jungen Frau handelt, die gerade eine schwierige Scheidung durchmachte.

Ich möchte noch einmal darauf hinweisen, daß die Beispiele, die ich ausgesucht habe, repräsentativ für jemanden sind, der – wie Sie – gerade beginnt, seine intuitiven Fähigkeiten zu entwickeln. Ich habe ganz bewußt auf außergewöhnliche Beispiele, die vorgreifen würden, verzichtet.

- Was möchten Sie im Moment?
  »Nach Hause.«
- Was brauchen Sie im Moment?
  »Hilfe.«
- Was ist im Moment Ihre größte Angst?
  »Vernichtung.«

- Was ist im Moment Ihr innigster Wunsch?
  »Harmonie.«
- Was brauchen Sie im Moment, um glücklich zu sein?
  »Stärke.«
- Was ist im Moment Ihr Ziel?
  »Liebe.«
- Was ist im Moment Ihre größte Begabung?
  »Liebe.«
- Was ist im Moment Ihr größtes Hindernis?
  »Ich selbst.«
- Inwiefern sind Sie im Moment selbst Ihr schlimmster Feind?
  »Durch meine Angst.«
- Mit welchem Teil Ihres Lebens sind Sie im Moment am zufriedensten?
  »Mit der Liebe.«
- Was fehlt im Moment in Ihrem Leben?
  »Sicherheit.«
- In welchem Lebensbereich würden Sie im Moment für das kommende Jahr am liebsten eine Veränderung sehen?
  »Entschlossenheit.«
- Was ist Ihre Lebensaufgabe?
  »Zu lieben.«

Hier sind die Antworten der Teilnehmerin, als sie über die Fragen nachdachte:

- Wenn Sie darüber nachdenken, was möchten Sie?
  »Eine solide, ausgeglichene Existenz.«
- Wenn Sie darüber nachdenken, was brauchen Sie?
  »Geld und Klarheit.«

- Wenn Sie darüber nachdenken, was ist Ihre größte Angst? »Daß den Menschen, die mir lieb sind, etwas passiert.«
- Wenn Sie darüber nachdenken, was ist Ihr innigster Wunsch? »Ein glückliches Privatleben.«
- Wenn Sie darüber nachdenken, was brauchen Sie, um glücklich zu sein? »Die Klarheit und die Mittel, die Menschen zu schützen und zu versorgen, die ich liebe.«
- Wenn Sie darüber nachdenken, was ist Ihr Ziel? »Eine glückliche Familie zu haben.«
- Wenn Sie darüber nachdenken, was ist Ihre größte Begabung? »Im Alltäglichen Schönheit zu schaffen.«
- Wenn Sie darüber nachdenken, was ist Ihr größtes Hindernis? »Mein Mangel an Klarheit und Organisationstalent und meine Emotionalität.«
- Wenn Sie darüber nachdenken, inwiefern sind Sie selbst Ihr schlimmster Feind? »Ich zweifle dauernd an mir selbst, anstatt auf meine Entscheidungen und Beweggründe zu vertrauen.«
- Wenn Sie darüber nachdenken, mit welchem Teil Ihres Lebens sind Sie am zufriedensten? »Mit meiner Beziehung zu meinem Partner, mit meiner Karriere; damit, was mein Kind für ein Mensch ist.«
- Wenn Sie darüber nachdenken, was fehlt in Ihrem Leben? »Unterstützung, verläßliche Unterstützung, jemand, an den ich bestimmte Dinge delegieren kann.«
- Wenn Sie darüber nachdenken, in welchem Lebensbereich würden Sie am liebsten eine Veränderung sehen? »Eine positive Lösung meines Eheproblems.«

- Wenn Sie darüber nachdenken, was ist Ihre Lebensaufgabe?
  »Harmonie um mich herum und in mir selbst zu schaffen.«

Der Sinn dieser Übung

Dies ist ein Buch über die Beantwortung der wichtigen Fragen in Ihrem Leben. Sie haben gerade damit angefangen, sich darüber Gedanken zu machen. Im nächsten Kapitel werde ich Sie dazu auffordern, konkreter über diese Fragen nachzudenken.

Intuition in Aktion

Die Geschichte eines Kursteilnehmers

Meine Freundin Anne war wegen eines Telefonanrufs beunruhigt, den sie vor kurzem erhalten hatte. Matthew, ihr vierjähriger Sohn, hatte in der Vorschule ein sehr aggressives Verhalten an den Tag gelegt, weshalb sich die Erzieher und sogar einige der anderen Eltern beschwert hatten. Anne und ihr Mann zerbrachen sich den Kopf über die Ursache für das Problem ihres Kindes, doch ohne Erfolg.

Anne rief mich an, um sich mit mir über ihr Problem zu unterhalten. Ich hatte ihren Sohn über ein Jahr nicht gesehen und sah in ihren Gedanken einen alten Großvater. Ich fühlte, daß die Angst des Kindes damit zu tun hatte, und es wurde mir klar, daß Matthew befürchtete, daß jeder um ihn herum erkranken würde wie vor kurzem sein Großvater.

Ich erzählte Anne von meinen Eindrücken. Sie bestätigte, daß ihr

Vater vor kurzem einen Schlaganfall gehabt hatte und daß Matthew darunter litt, ihn bettlägerig zu sehen.

Ich sagte Anne, daß ich spürte, wie Matthew sich gegen seine Ängste schützte, indem er sich in alles, was er tat, völlig vertiefte. Selbst noch so freundliche Versuche, seine Konzentration zu unterbrechen, wurden von ihm wahrscheinlich als Aggression empfunden. Wenn eine Erzieherin zum Beispiel mit Matthew sprach, während er gerade ein Bild malte, konnte es passieren, daß er sie anschrie, sie solle weggehen.

Als ich Anne von den Schwierigkeiten ihres Sohnes erzählte, kam ich tiefer in meinen intuitiven Zustand hinein, und meine Beschreibung wurde klarer und präziser. Anne erzählte mir später, daß ihr alles, was ich ihr sagte, fast so vorkam, als käme es aus dem Mund ihres Sohnes.

Mit diesem neuen Verständnis für das Problem organisierten Anne und ihr Mann ein Treffen mit Matthews Erziehern. Sie informierten sie darüber, was ihren Sohn beunruhigte. Gemeinsam erarbeiteten sie Möglichkeiten, ihm dabei zu helfen, sich auszudrücken, und versuchten, ihm Hilfestellungen dabei zu geben, andere an sich heranzulassen.

4

Sie haben drei Wünsche frei

Stellen Sie sich vor, Sie könnten alles fragen ...

Stellen Sie sich vor, Sie hätten gleich eine Sonderaudienz mit einem allwissenden Menschen. Es ist kaum zu glauben, aber dieser Mensch kann Ihnen alles sagen, was Sie über irgendeine Person oder irgendein Ereignis in der Vergangenheit, in der Gegenwart oder sogar in der Zukunft wissen wollen.

So wie Aladins Lampengeist hat Ihnen dieses allwissende Wesen ein wundervolles Geschenk versprochen: und zwar die Antwort auf drei Fragen Ihrer Wahl – egal welche. Welche Fragen würden Sie stellen?

Es wären sicher keine alltäglichen – schließlich sind es nur drei. Dies wäre *nicht* der richtige Zeitpunkt, danach zu fragen, wo Sie Ihre Autoschlüssel liegenlassen haben oder ob Sie für das Rezept Ihrer Mutter für die Füllung der Weihnachtsgans Kastanien statt der Walnüsse verwenden sollten. Sie würden diese einzigartige Chance doch sicher nicht einfach so vergeuden, oder?

Nein, die Fragen würden sich um wichtige Lebensbereiche drehen. Sehr wahrscheinlich beträfen sie Ihre Karriere oder Ihre Beziehungen. Vielleicht würden sie sich auf Probleme oder Chancen beziehen, die wahrscheinlich in den kommenden Monaten auf Sie zukommen werden, und darauf, wie Sie am besten mit ihnen umgehen sollten. Oder vielleicht gibt es ein Geheimnis aus Ihrer Vergangenheit, das Sie gerne ein für allemal lösen wollen.

Da Sie dieses Wissen nutzen wollen, würden Sie sicher nicht nach Ereignissen fragen, die sich erst in einigen Jahrzehnten ereignen. Sie würden nach Dingen fragen, die sich in den nächsten sechs bis zwölf Monaten oder höchstens in ein paar Jahren verifizieren lassen. Wenn Sie zum Beispiel nach dem Sinn des Lebens fragen würden, könnten Sie niemals überprüfen, ob die Antwort, die Sie bekommen haben, richtig war.

Übung 2

Also, was würden Sie fragen?

Holen Sie sich gleich jetzt einen Stift und ein Stück Papier und überlegen Sie sich drei Fragen. Sie können private oder berufliche Angelegenheiten betreffen. Sie können über sich selbst, jemanden, den Sie kennen, oder jemanden, der bisher noch nicht in Ihr Leben getreten ist, Fragen stellen.

Drei Fragen.

Seien Sie nicht zurückhaltend und bleiben Sie ganz locker. Niemand außer Ihnen wird diese Fragen sehen. Denken Sie nicht, daß eine Ihrer Fragen dumm sein könnte. »Wird mein Busen je wachsen?« wäre meine wichtigste Frage in meiner Jugend gewesen!

Es müssen keine Ja-oder-Nein-Fragen sein. Sie sollten variieren und sich nicht überschneiden. Sie müssen allerdings keine bestimmte Reihenfolge haben.

Stellen Sie also Fragen, auf die Sie wirklich eine Antwort haben wollen. Machen Sie sich keine Gedanken darüber, ob Sie die Fragen perfekt formuliert haben. Im nächsten Kapitel werden wir sie überarbeiten.

Wenn Sie Probleme haben, Ihre Wunschliste auf drei zu begrenzen, dann sammeln Sie zunächst spontan so viele Wünsche, wie Sie wollen. Wenn Sie mit Ihrer Liste fertig sind, streichen Sie so lange, bis Sie die drei Fragen ausgewählt haben, auf die Sie *am liebsten* eine Antwort hätten.

Wenn Sie damit fertig sind, kennzeichnen Sie die Liste als »Übung 2« und legen sie in Ihr Intuitionstagebuch.

Ich verspreche Ihnen ...

Wenn Sie mit dem Buch fertig sind, werden Sie detaillierte Antworten auf Ihre drei Fragen haben. Sie müssen keine Untersuchungen durchführen, keinen Experten befragen und keinen Hellseher anrufen.

Wie ist das möglich, fragen Sie? Erinnern Sie sich an die Person, die ich bereits erwähnt habe, die Sie um Rat fragen können – diesen bemerkenswerten Menschen, der Zugang zu Antworten auf alle Fragen hat?

Damit waren *Sie* gemeint.

Wie Sie in Kürze feststellen werden, sind Sie bereits intuitiv. Unbewußt haben Sie dauernd Zugang zu Ihrem »Sechsten Sinn«. Sie sind sich Ihrer Intuition nur nicht bewußt oder haben nicht gelernt, sie zu erkennen. Vertrauen Sie mir: Sie haben die Fähigkeit – ab sofort und zu jeder Zeit – nützliche Informationen zu jedem beliebigen Thema zu bekommen, egal ob Sie bereits etwas darüber wissen oder nicht.

Dieses Buch wird Ihnen dabei helfen, diese verblüffende Fähigkeit bewußt zu steuern. Mit Hilfe der Übungen werden Sie jede Frage nicht nur einmal, sondern immer wieder beantworten, und zwar aus verschiedenen Perspektiven und im Hinblick auf unterschiedliche zeitliche Rahmen. Nebenbei bemerkt, es hält Sie nichts davon ab, andere Fragen auf eigene Faust zu beantworten, da Sie dadurch Ihre Intuition schärfen. Die Begrenzung auf drei Fragen gibt es deshalb, damit ich Sie systematisch durch die Übungen führen kann. Ich weiß, daß dieses Programm funktioniert, weil ich während der letzten zehn Jahre Tausenden von Menschen geholfen habe, ihre Intuition zu entwickeln. Am Ende dieses Buches werden Sie Ihre intuitiven Kräfte benutzen wie noch nie zuvor.

Denken Sie daran, daß ich Ihre drei Fragen nicht beantworten werde. Sie werden es selbst tun.

Das bedeutet, daß Sie die Übungen gewissenhaft durcharbeiten müssen. Da sie alle mit den wichtigen Fragen Ihres Lebens zu tun haben, bin ich sicher, daß Sie ihnen Ihre ganze Aufmerksamkeit schenken werden. Außerdem sind sie kurz, machen Spaß, und Sie bekommen sofort ein Feedback über Ihre Fortschritte.

Wenn Sie irgendwelche Zweifel haben

Sie sind vielleicht skeptisch, daß irgend jemand, geschweige denn Sie selbst, diese Fragen beantworten können soll. Ich nehme Ihnen das nicht übel. Viele meiner Schüler beginnen als Skeptiker.

Also werde ich Sie jetzt um etwas bitten, das ich auch von meinen Kursteilnehmern verlange. Wenn Sie nicht daran glauben, daß Sie die Fragen beantworten können, möchte ich, daß Sie sich eine Haltung aneignen, die Sie seit Ihrer Kindheit vielleicht vergessen haben. Ich möchte, daß Sie *so tun, als ob.*

So zu tun, als ob, ist ein so wichtiger Teil Ihres intuitiven Lernprozesses, daß sich Kapitel 11 ganz dieser Fähigkeit widmet.

Intuition in Aktion

Die Geschichte eines Kursteilnehmers

Seit fast zwei Jahrzehnten arbeite ich im Finanzsektor. Ich bin Investmentberater und habe mich auf neue Börseneinführungen spezialisiert. Jeden Morgen ist mein Schreibtisch voll mit Prospekten von Firmen, die an einer der drei großen Börsen notiert werden wollen. Letztes Jahr besuchte ich bei Laura einen Wochenendkurs über den Einsatz der Intuition zur Verbesserung der Entscheidungsfindung. Ich habe meinen Freunden in der Investmentbranche nicht erzählt, daß ich diesen Kurs belegen würde. Irgendwie schien für die Intuition kein Platz zu sein neben all den ausgereiften Analysen und dem »Zahlenjonglieren«, für das ich geschätzt werde.

Trotzdem war ich sehr beeindruckt, als ich in diesem Kurs meine schlummernden intuitiven Fähigkeiten entdeckte. Obwohl sich meine Sekretärin darüber lustig machte, begann ich nun jeden Morgen mit einem Ritual. Bevor ich irgendwelche Firmenakten anfaßte, schrieb ich schnell ein paar Notizen auf ein Blatt Papier und gab sie meiner Sekretärin zum Tippen. Erst nachdem ich mit den Notizen fertig war, öffnete ich die erste Akte.

Eines Morgens – es war an einem Montag – wollte ich gerade meine Notizen machen. Vor meinem inneren Auge sah ich einen Hasen, der gerade auf Skiern einen Berg hinunterfahren wollte. Das Bild erschien absurd, ein bißchen wie bei Alice im Wunderland, aber ich notierte es mir trotzdem. Ich hatte von Laura gelernt, meine intuitiven Eindrücke nicht zu ignorieren, egal wie seltsam sie mir in dem Augenblick auch vorkommen mochten.

Der Hase startete von der Spitze eines sehr hohen Bergs und raste schnell ins Tal. Für mich hatte es den Anschein, als bliebe er Wochen dort, bevor er auf eine noch höhere Bergspitze kletterte. Auf einmal wurde ich mir der fünf Finger meiner linken Hand bewußt. Ich schrieb das alles auf und begann dann mit meiner täglichen Arbeit. Ich öffnete die Firmenakte und begann, die Broschüren durchzublättern. Ich wurde dabei auf eine Heim- und Gartenfirma aufmerksam und dachte an »Peter Rabbit«. Ich verschaffte mir schnell einen Überblick über die Lage und erfuhr dabei, daß die meisten Wirtschaftsanalysten dachten, daß diese neue Sache eine »heiße Anlage« werden würde.

Minuten, bevor die Börse eröffnete, entschied ich, wie viele Anteile ich kaufen würde. Offensichtlich war ich aber schon zu spät dran, weil die Nachfrage so groß war, daß der Eröffnungskurs erst eine Stunde später festgestellt werden konnte. Als der Kurs endlich auf meinem Computerbildschirm erschien, hätte ich mich ohrfeigen können. Die Aktie schoß auf über 25 Prozent des Anfangspreises und stieg in der ersten Stunde noch weiter an. Es gab nicht genügend Anteile, um die große Nachfrage zu decken, und am Mittag hatte sich der Preis bereits verdoppelt.

Nachdem ich meine erste »Chance« verpaßt hatte, entschloß ich mich nun zu warten. Ich erinnerte mich an den Hasen und daran, daß er den Berg *hinunter*fuhr. Und tatsächlich begann der Kurs nach einigen stürmischen Tagen stark zu fallen. Nach weniger als einer Woche (und nach weniger als drei Wochen seit dem ersten Tag) fiel der Kurs unter den ursprünglichen Preis. Wochenlang dümpelte der Kurs mit häufigen Einbrüchen vor sich hin. Während andere Experten nun im nachhinein Berichte verfaßten, um die Firmenprobleme zu »erklären«, verfolgte ich den Aktienpreis weiterhin ganz genau.

Einige Wochen später klickte ich auf meinem Bildschirm die Schlußpreise der Aktien an. Ich stellte fest, daß die Aktie der Heim- und Gartenfirma ihren Tiefststand erreicht hatte: Er lag bei fünf Dollar. Ich erinnerte mich an die fünf Finger meiner linken Hand. Ich sah schnell meine Notizen durch, um meine intuitiven Eindrücke zu überprüfen. Am nächsten Morgen erteilte ich bei Börseneröffnung einen großen Auftrag. Am Ende des Tages hatte der Aktienpreis fest geschlossen.

Ich kaufte weitere Anteile, während der Aktienpreis weiter anstieg. Nach einigen Monaten stieg der Kurs über den Originalpreis und näherte sich neuen Höhen. Schließlich verkaufte ich die Aktien zu einem tollen Preis – ein Geschäft, das die Finanzwelt als »Super Deal« bezeichnen würde. Meine Sekretärin macht sich seither nicht mehr über mich lustig.

5
Kommen wir zur Sache

Das Unbewußte anzapfen

Wir sind kurz davor, Ihr Unbewußtes »anzuzapfen«. Überspringen Sie die folgende Übung nicht, denn sie wird Sie in einen entspannten und aufnahmefähigen Zustand versetzen.

Übung 3
Aufwärmen

Halten Sie Ihren Kassettenrecorder und die Mappe für Ihre Notizen bereit. Achten Sie einen Moment lang darauf, was Sie wahrnehmen. Atmen Sie tief durch.

Entspannen Sie sich und konzentrieren Sie sich auf Ihre Atmung. Lassen Sie Ihre Gedanken und alles, was Sie wahrnehmen, los, während Sie diesen Text lesen. Folgen Sie nun innerlich einer Sinneswahrnehmung, egal wohin diese Sie auch führt.

Machen Sie ein paar Minuten so weiter. Merken Sie sich all Ihre Eindrücke und übertragen Sie sie später unter der Überschrift Übung 3 in Ihr Intuitionstagebuch.

Jetzt sind Sie richtig eingestimmt. Machen Sie nun gewissenhaft die folgende Übung. Ich lasse Sie absichtlich etwas im dunkeln tappen. Machen Sie bitte einfach die Übung.

Übung 4

Intuitiv assoziieren

Halten Sie Ihren Kassettenrecorder oder Ihre Mappe bereit. Achten Sie einen Moment lang darauf, was Sie wahrnehmen. Nehmen Sie sich dann einen Augenblick dafür Zeit, irgend etwas zu tun, das Ihnen dabei hilft, sich davon zu lösen.

Überlegen Sie sich, was wohl am ehesten eine Situation erzeugt, in der Sie nicht ganz sicher sind, was Sie wahrnehmen: Holen Sie zum Beispiel tief Luft, recken und strecken Sie sich oder schreien und hüpfen Sie verrückt herum.

Wenn Sie bereit sind, setzen Sie sich hin und antworten Sie auf die folgenden »Auslöser«. Wie bei einem Rorschach-Tintenfleck-Test sprechen Sie die erste passende Sache, die Ihnen in den Sinn kommt, aus. Wenn der Auslöser zum Beispiel nach einer Farbe fragt, aber das erste, was Ihnen einfällt, ein Geschmack ist, sollten Sie warten, bis Sie eine Farbe empfangen.

Widmen Sie sich jedem Auslöser nicht mehr als ein paar Sekunden. Wenn Sie keine Antwort bekommen, erfinden Sie eine.

Hier sind die Auslöser:

- ein Männername
- ein Frauenname
- ein Tiername
- der Name eines Flusses
- eine Zeitspanne
- ein Nahrungsmittel
- eine Farbe
- eine Waffe
- ein Heilmittel
- ein Wunsch
- eine Angst
- eine Erinnerung

Wenn Sie merken, daß Sie etwas »zurückhalten« oder versuchen, über verschiedene Möglichkeiten nachzudenken, sollten Sie die Liste mehr als einmal durchgehen. Halten Sie alle Antworten fest. Übertragen Sie sie unter der Überschrift »Übung 4« in Ihr Intuitionstagebuch. Wir werden in einer anderen Übung auf diese Eingebungen zurückkommen.

Was bedeutet das alles?

Ich werde Ihnen bald erklären, was Sie gerade gemacht haben. Überspringen Sie bitte die nächsten Kapitel nicht, sondern haben Sie noch etwas Geduld. Wenn Sie Ihre Antworten gerne mit denen einer Kursteilnehmerin vergleichen möchten, hier sind ihre Ergebnisse:

- ein Männername: Zach
- ein Frauenname: Jane
- ein Tiername: Rose, ein Esel
- der Name eines Flusses: die Donau
- ein Ort: Boston
- eine Zeitspanne: ein Jahr

- ein Nahrungsmittel: duftende Kräuter
- eine Farbe: gelb
- eine Waffe: offene Hände
- ein Heilmittel: Stärke, Spinat
- ein Wunsch: ein Diamant
- eine Angst: zu versagen
- eine Erinnerung: in einer Hängematte vor- und zurückschaukeln und dabei singen: »Swing low, sweet chariot, coming for to carry me home ...«

Wie haben Sie sich gefühlt?

Sie waren vielleicht verärgert, daß Sie eine scheinbar »sinnlose« Übung machen mußten. Ihr Unbewußtes hat allerdings genau verstanden, was von ihm verlangt wurde.

Ich verrate Ihnen nun, daß ich die 13 Auslöser ausgesucht habe, weil sie etwas hervorrufen. Wir werden, wie gesagt, bald auf diese Übung zurückkommen. Davor müssen wir jedoch noch darüber sprechen, wie man Fragen richtig stellt.

Intuition in Aktion

Eine wahre Geschichte

Als ich Mitte Zwanzig war, wurde ich dazu eingeladen, mit einer Gruppe von Geschäftsleuten, Wissenschaftlern und Menschen mit besonderen intuitiven Fähigkeiten über das Thema Intuition zu sprechen. Wir erzählten uns einige verblüffende Geschichten darüber, wie die Intuition praktisch eingesetzt werden kann. Hier ist meine Lieblingsgeschichte:

Vor vielen Jahren bat man eine Gruppe von Menschen mit ausgeprägten intuitiven Fähigkeiten im Rahmen einer Untersuchung an der Stanford University darum, für einen Geschäftsmann den Silberpreis vorherzusagen. Man sagte ihnen nicht, um wen es sich bei dieser Person handelte.

Um einige »wissenschaftliche« Kontrollpunkte zur Verfügung zu stellen, wurde ein einfaches Computerprogramm entwickelt, das zufällige Bilder erzeugte, denen die Werte »steigt«, »fällt« und »bleibt gleich« zugeordnet wurden. Jeden Tag veränderte der Computer die zufälligen Bilder. Anstatt den Preis des Silbers vorherzusagen, was die Intuition vielleicht beeinträchtigt hätte, suchten die Teilnehmer jeweils eins der Bilder aus, das den Silberpreis verkörperte.

Eine erstaunlich lange Zeit sagte die Gruppe die Bewegung auf dem Silbermarkt korrekt vorher. Sie erreichte eine Erfolgsquote von 100 Prozent.

Schließlich wurde der anonyme Arbeitgeber so neugierig auf die Menschen, die die Entwicklung auf einem Markt, von dem sie nichts wußten, so genau vorhersehen konnten, daß er sie kennenlernen wollte. Weil sie ebenso neugierig waren, stimmten die Teilnehmer des Projekts zu.

Es war Antipathie auf den ersten Blick. Am nächsten Tag setzten die Probanden ihre Arbeit fort. Und zum ersten Mal sagten sie den Silberpreis falsch vorher. Die nächsten Wochen »versagten« sie weiterhin. Die Statistiker vor Ort gaben bekannt, daß die Ergebnisse mathematisch eigentlich unmöglich waren. In den kommenden Wochen lag die Erfolgsquote der Gruppe bei Null!

Nachdem sie ihren Auftraggeber getroffen und festgestellt hatten, daß sie ihn nicht mochten, entschied ihr Unterbewußtsein, ihm die richtigen Antworten vorzuenthalten. Bevor das geschah, hatten sie ihm geholfen, fantastische Gewinne zu erzielen. Letzten Endes verlor er jedoch Millionen.

6

Die Kunst, Fragen zu stellen

Seien Sie vorsichtig mit Ihren Wünschen – sie könnten nämlich in Erfüllung gehen

Ich möchte diesen weisen Rat noch einmal anders formulieren: Sie sollten genau überlegen, welche Fragen Sie Ihrer Intuition stellen, da diese sie bestimmt beantworten wird.

Frustrierend bei der Arbeit mit Computern ist, daß sie nur das ausführen, was man ihnen eingibt. Wenn ein Computer einen Fehler macht, liegt das daran, daß die Befehle nicht korrekt waren. In gewissem Sinne funktioniert die Intuition genauso. Sie beantwortet genau die Frage, die ihr gestellt wird. Wenn Sie eine richtige Antwort bekommen wollen, sollten Sie sich daher vergewissern, daß Sie auch die richtige Frage gestellt haben.

Da wir im Rest des Buches die drei Fragen aus Kapitel 4 beantworten werden, müssen wir ganz sicher sein, daß Sie sie richtig formuliert haben.

Ein Beispiel aus der Antike

Die wahrscheinlich berühmteste zweideutige Frage wurde im alten Griechenland gestellt. Ein mächtiger Herrscher, der im Begriff war, ein feindliches Königreich anzugreifen, fragte das Orakel von Delphi, ob eine große Schlacht gewonnen würde. Das Orakel bejahte dies.

Und es behielt recht; eine große Schlacht *wurde* gewonnen. Pech für den König war nur, daß sein Feind den Sieg davontrug. Hätte er genausoviel über das Fragenstellen gewußt wie Sie jetzt, hätte er seine Frage wahrscheinlich folgendermaßen formuliert: »Werde ich morgen erfolgreich ins Königreich meines Rivalen einfallen?« Oder noch besser: »Werde ich morgen erfolgreich und mit akzeptablen Verlusten ins Königreich meines Rivalen einfallen?«

Zurück zur Gegenwart

So wie dem Monarchen kann es jedem leicht passieren, eine Frage zu stellen, die eigentlich ganz anders gemeint war.

Nehmen wir ein einfaches Beispiel: Angenommen, Sie würden fragen: »Wird es morgen regnen?« Die Antwort auf diese Frage müßte »ja« lauten, denn *natürlich* wird es am nächsten Tag regnen – *irgendwo*!

Intuition in Aktion

Eine Geschichte

Ich befand mich auf dem Beifahrersitz im Auto eines Freundes, der uns von Rom zu einer Fachmesse nach Florenz fuhr. Immer wenn ich in Italien war, übernahm ich die Gewohnheit der Italiener, den Sicherheitsgurt nicht anzulegen. Der Regen klopfte gleichmäßig auf das Autodach, und ich schlief ein, ohne mich angeschnallt zu haben. Plötzlich wurde ich durch die laute Stimme meiner Mutter geweckt: »Schnall dich sofort an!« Obwohl ich noch im Halbschlaf war, griff ich sofort nach meinem Sicherheitsgurt und legte ihn an. Eine Sekunde später wurde ich durch den heftigen Aufprall bewußtlos. Der Lastwagen vor uns war plötzlich stehengeblieben, und wegen der nassen Straße konnte der Fahrer unseres Wagens nicht schnell genug bremsen.

Der Lastwagenfahrer befreite mich aus dem Wagen und hob mich heraus. Der Schock setzte ein, als ich fragte, ob jemand verletzt sei, und prompt die Antwort auf meine Frage vergaß.

Das nächste, woran ich mich erinnere, ist, daß ich auf dem Operationstisch der Notaufnahme des städtischen Krankenhauses lag und über mir italienische Stimmen hörte. Ich war zwar sehr verwirrt, sagte aber doch mit einiger Klarheit, daß mein Blutdruck normalerweise niedrig wäre und daß ich wahrscheinlich keine inneren Blutungen hätte und sie deshalb doch etwas abwarten sollten, bevor sie mich operierten. Gott sei Dank hielten sie sich daran.

Niemand war ernsthaft verletzt: Der Fahrer, den das Lenkrad rettete, hatte nur eine Gehirnerschütterung und ein paar angebrochene Rippen, während ich mir nur Verstauchungen zugezogen hatte. Aber ohne den Sicherheitsgurt wäre das sicher ganz anders ausgegangen.

Einige Leute kamen in die kleine Stadt, in der sich der Unfall ereignet hatte, um sich das Auto anzusehen, und einige kamen ins Krankenhaus, um die Menschen, die wie durch ein Wunder überlebt hatten, zu besuchen. Mir kam ihr Verhalten etwas seltsam vor, bis ich schließlich entlassen wurde und mir das Auto selbst ansehen konnte. Vorne war es eingedrückt wie ein Akkordeon. Das Dach und der hintere Teil des Wagens waren durch den Aufprall total verbogen. Es hat mich sehr berührt, daß ich auf so wundersame Weise durch die Warnung meiner Mutter überlebt hatte, die zwölf Jahre zuvor gestorben war.

Eine richtig gestellte Frage ist schon halb beantwortet

Hat man ein Problem erst einmal richtig erkannt, ist man schon auf halbem Wege zur Lösung. Das gleiche gilt für Ihre Fragen. Wenn Sie verstehen, was Sie eigentlich fragen, verrät das oft schon viel über die Antwort.

Eine Frage ist *schlecht* gestellt, wenn sie von dem abweicht, was Sie fragen wollten. Oft sind schlechte Fragen zweideutig und können auf mehr als eine Weise interpretiert werden.

Untersuchen wir nun ein paar irreführende, einfache Fragen, um die unbeabsichtigte Doppeldeutigkeit aufzudecken, die sich hinter ihnen verbirgt.

Übung 5

Zweideutige Fragen verbessern

Die folgenden Fragen sind alle auf die eine oder andere Weise zweideutig. Lassen Sie sich einige Minuten Zeit, um darüber nachzudenken, woher die Zweideutigkeit kommt, und formulieren Sie dann für jede Frage eine oder zwei präzisere Versionen.

Hier die Fragen:

- Werde ich genug Geld haben?
- Werde ich glücklich sein?
- Soll ich den neuen Job annehmen?
- Soll ich Künstler/in werden?
- Werde ich heiraten und Kinder haben?

Halten Sie Ihre Gedanken in Ihrem Intuitionstagebuch fest. Bitte tun Sie das, bevor Sie die folgende Erläuterung lesen. Vergessen Sie nicht, Ihre Notizen mit der Überschrift »Übung 5« zu kennzeichnen.

Betrachten wir die Fragen genauer

Im folgenden wird jede Frage kurz und keinesfalls vollständig untersucht. Ihnen werden sicher zusätzliche Punkte dazu einfallen.

- *Werde ich genug Geld haben?*

Genug ist ein tückisches Wort. Wieviel ist genug? Ist es genug, wenn Sie Ihre wichtigsten Rechnungen bezahlen können oder wenn Sie Ihre Nachbarn beeindrucken? Woran merken Sie, wann Sie schließlich genug Geld haben?

Präzisere Varianten könnten zum Beispiel folgendermaßen lauten: »Wann (oder auf welche Weise) werde ich finanziell so abgesichert sein, daß ich mich zur Ruhe setzen kann?« oder: »Wann werde ich mir problemlos den Lebensstil leisten können, den ich mir wünsche?«

Aber sogar diese Fragen können überraschende Wendungen beinhalten. Vielleicht haben Sie in zehn Jahren ja genug Geld, um sich zur Ruhe zu setzen, sind dann aber so fasziniert von Ihrer Arbeit, daß Sie sich gar nicht freinehmen, geschweige denn sich aus dem Arbeitsleben zurückziehen wollen. Dem Himmel sei Dank, daß die Frage nicht lautete: »Wann werde ich aufhören zu arbeiten?« oder: »Wann werde ich mich zur Ruhe setzen?«, wenn Sie eigentlich fragen wollten: »Wann werde ich es mir finanziell leisten können, mich zur Ruhe zu setzen?«

• *Werde ich glücklich sein?*

Sie könnten sich eine Kopfverletzung zuziehen (wollen wir es nicht hoffen), die Ihre Fähigkeit, sich Sorgen zu machen, einschränkt, und deshalb »glücklich« werden. Oder Sie werden vielleicht moralisch korrupt (was wir ebenfalls nicht hoffen wollen), Ihnen ist alles egal, und Sie werden deshalb »glücklich«.

Wie Sie sehen, ist das Glücklichsein sogar als »Endzustand« nicht unkompliziert. Sie könnten Ihre Fragen zum Beispiel folgendermaßen verbessern: »Wann werden alle Elemente in meinem Leben so stimmig sein, daß ich zufrieden bin?«, oder: »Wie schaffe ich es, in meinem Leben glücklich zu sein?« oder: »Was hindert mich daran, glücklich zu sein?«

Wenn dic Antwort impliziert, daß Sie nie glücklich sein werden, lassen diese Fragen trotzdem noch Raum für eine Antwort wie: »Ich kann mir nicht vorstellen, daß Du je zufrieden sein kannst, da Du dafür Deinen Schutzpanzer ablegen müßtest. Da Du Dich jetzt schon bloßgestellt fühlst, müßtest Du zunächst daran arbeiten, um glücklich zu werden.«

• *Soll ich den neuen Job annehmen?*

Das Wort *soll* ist problematisch. Ob Sie sollen oder nicht, hängt davon ab, was Ihnen wichtig ist. Ziehen Sie die folgenden Abwandlungen der Frage in Betracht:

– »Soll ich den neuen Job annehmen, wenn mir ein sicherer Arbeitsplatz am wichtigsten ist?«
– »Soll ich den neuen Job annehmen, wenn es mir wichtiger ist, neue Erfahrungen zu sammeln, als viel Geld zu verdienen?«
– »Soll ich den neuen Job annehmen, wenn ich mehr Zeit für meine Familie haben will?«

Die Antwort auf Ihre Frage wird wahrscheinlich viele solche bewußten – oder unbewußten – Zusatzfragen widerspiegeln. Sie müssen also zuerst darüber nachdenken, warum Sie Ihren Job wechseln wollen und was Ihnen die neue Arbeit bringt. Erst dann können Sie fragen, ob Ihre Erwartungen erfüllt werden.

• *Soll ich Künstler/in werden?*

Fragen, die Auswahlmöglichkeiten enthalten, sind ebenfalls problematisch. Bei dieser Frage könnten Sie zum Beispiel viel Freude an Ihrer künstlerischen Tätigkeit haben, selbst wenn Sie dabei nicht erfolgreich sind. Wenn Erfolg ein wichtiges Kriterium für Sie ist, müssen Sie dies in Ihre Frage einbauen: »Werde ich als Künstler/in erfolgreich sein?«

Aber was verstehen Sie darunter? Wie messen Sie Ihren Erfolg? Vielleicht wäre es besser zu fragen: »Auf welche Punkte muß ich achten, um entscheiden zu können, ob ich Künstler/in werden will?«

• *Werde ich heiraten und Kinder haben?*
Zusammengesetzte Fragen sind problematisch, weil die Antwort auf die eine Hälfte »ja« und auf die andere Hälfte »nein« lauten könnte. Besser wäre die folgende Frage: »Was für eine Familie werde ich haben und mit wem werde ich sie gründen?«

Sie sehen, es geht nicht nur darum, Fragen grammatikalisch und semantisch korrekt zu formulieren. Wenn Sie eine Frage genau vorbereiten, sind dabei sowohl viele Gefühle als auch die Logik beteiligt.

Übung 6

Lernen Sie sich besser kennen

Atmen Sie lang und tief ein. Entspannen Sie sich und lassen Sie Ihren Verstand zu dem Ort wandern, an dem sich Ihre Erinnerung befindet. Vertrauen Sie darauf, daß Ihr Unbewußtes Erinnerungen hervorruft, die alle Informationen enthalten, die Sie benötigen, um Ihre Frage zu beantworten.

Lassen Sie alles auf sich zukommen, was für die Frage, die Sie auf Seite 68 finden, von Bedeutung ist, aber schauen Sie nicht nach, bevor Sie diese Übung abgeschlossen haben!

Immer wenn Sie auf eine Erinnerung stoßen, sollten Sie aufhören zu lesen. Schreiben Sie die Erinnerung oder Ihr Gefühl auf. Wenn Ihre Gedanken wandern wollen, lassen Sie es ruhig zu, bis Sie wieder auf eine Erinnerung stoßen.

Machen Sie sich keine Gedanken darüber, ob es sich um eine »wahre« Erinnerung handelt oder ob Sie sie nur erfinden.

Schreiben Sie mindestens vier Erinnerungen in Ihr Intuitionstagebuch.

Wenn Sie mit der Übung fertig sind, können Sie umblättern, um zu sehen, welche Frage sie beantwortet haben.

Die Beschreibung eines Kursteilnehmers

Die folgende Beschreibung stammt von einem etwa fünfzigjährigen Mann:

> Ich erinnere mich daran, wie meine Mutter mir als Kind etwas erklärte. Ich mochte das Gefühl, wie sie mit ihrer Aufmerksamkeit in mein Innerstes gelangte, um mir dabei zu helfen, etwas zu verstehen. Es war mir eigentlich egal, was sie mir erklärte. Mir war nur die Zeitblase wichtig, in der wir beide uns befanden.
>
> Ich sitze mit vielen Leuten am Tisch. Ich möchte weg. Ich kann sie nicht einmal ignorieren, weil sie von mir erwarten, auf ihre Fragen zu antworten. Das Abendessen wird serviert, und es ist enttäuschend.
>
> Ich stehe am Strand des kleinen Städtchens Martha's Vineyard. Die Wellen tragen mich fort. Die Unterhaltung meiner Freunde hinter mir hält mich an meinem Platz. Ich spüre zugleich Melancholie sowie ein Gefühl der Erwartung und Aufregung. Ich fühle mich verändert.

Intuition in Aktion

Die Geschichte eines Kursteilnehmers

Ich nahm an einem von Lauras Wochenendkursen teil, und obwohl sie uns angewiesen hatte, während des Workshops nicht viel zu unternehmen, konnte ich einer Einladung zu einer Party nicht widerstehen.

Als ich mich gerade am Buffet bediente, merkte ich plötzlich, daß ich mich irgendwie »komisch« fühlte. Ich konnte mich nicht auf meine Gedanken konzentrieren und nahm die Dinge um mich herum nicht richtig wahr. Ich unterhielt mich mit ein paar Leuten, aß ein bißchen und ging dann nach Hause.

Der Gastgeber rief mich am nächsten Morgen an und erzählte mir, daß ein Herr, mit dem ich auf der Party gesprochen hatte, sehr beeindruckt von mir war. Anscheinend hatte ich ihm zur Gründung seiner eigenen Firma gratuliert (ich selbst konnte mich überhaupt nicht mehr daran erinnern). Das verwirrte ihn, da er sich erst an jenem Morgen dazu entschlossen hatte, sich selbständig zu machen. Er wollte seinen Plan vor seinem Arbeitgeber noch geheimhalten, deshalb hatte er niemandem außer seiner Frau und seinem zukünftigen Partner davon erzählt. Er konnte sich nicht erklären, wie ich von seinem Vorhaben wissen konnte, wenn niemand mit mir darüber gesprochen hatte.

Als ich ihm von Lauras Intuitionstraining erzählte, erkundigte er sich nach ihrer Telefonnummer und nahm im darauffolgenden Sommer an einem ihrer Workshops teil. Seitdem bezieht er bei Entscheidungen viele intuitive Techniken mit ein und schreibt ihnen einen großen Anteil am Erfolg seiner Firma zu.

Der Kursteilnehmer interpretiert seine Beschreibung

Vergessen Sie nicht, daß die Frage des fünfzigjährigen Kursteilnehmers sich von Ihrer unterscheidet. Lesen Sie nun, wie er seine Frage überarbeitete, um ihr mehr Sinn zu verleihen:

Antwort auf **Übung 6**: Die Frage, auf die Sie mit Ihren Erinnerungen geantwortet haben, lautete: »Was ist die Essenz meiner Fragen?«

Selbstverständlich mußte ich eine weitreichende Frage stellen, allein schon um mich den Anordnungen zu widersetzen, und nun ist dies ausgerechnet die Frage, die ich mir zuerst anschauen muß. Meine Frage lautete: »Was ist der Sinn meiner Bemühungen?« Ich wollte sie für den Fall, daß jemand anders sie sehen würde, nicht genauer formulieren.

Die erste Erinnerung hat mit der Sehnsucht nach Vertrautheit zu tun, die ich als Kind verspürte, und damit, wie diese Sehnsucht gestillt wurde. Die zweite Erinnerung bezieht sich auf die »Enttäuschung« über das Leben außerhalb der »Zeitblase«, die mich mit meiner Mutter verband. Die dritte Antwort handelt von der Spannung zwischen Realität und Möglichkeit, zwischen Vergangenheit und Zukunft. Sie erinnert mich daran, daß man sich nach der Vergangenheit oder der Zukunft sehnen kann, aber daß man nur in der Gegenwart Zufriedenheit findet.

Ich denke, ich werde meine Frage folgendermaßen umformulieren: »Wie kann ich mich selbst ändern, um mit meinem Leben zufriedener zu werden?«

Die drei Voraussetzungen für eine gute Frage

Eine *gute* Frage ist also eine Frage, die Sie wirklich stellen wollten. So wie die Arbeit am Computer müssen Sie auch Ihre Intuition achtsam steuern. Gute Fragen – also solche, auf die wir brauchbare Antworten bekommen können – erfüllen drei Voraussetzungen.

1. Eine Frage muß genau und eindeutig formuliert sein, so daß eine präzise Antwort möglich ist. Um unsere vorige Frage, ob es regnen wird, eindeutiger zu machen, müßten wir sie viel genauer formulieren, zum Beispiel: »Wird es morgen *in Chicago* regnen?«

2. Eine Frage sollte einfach sein und nicht aus mehreren Teilfragen bestehen. Nehmen wir an, eine Frau ist schwanger, ohne es selbst zu wissen. Wenn ihre Frage lautet: »Werde ich bald schwanger sein und ein Kind bekommen?«, ist die Antwort ihrer Intuition vielleicht negativ, weil sie ja bereits schwanger ist. Die zusammengesetzte Frage verwirrt die Intuition, da der erste Teil nicht zutrifft, der zweite dagegen schon. (Nebenbei bemerkt: Die Intuition antwortet in der Regel auf die erste Hälfte einer zusammengesetzten Frage.)

3. Jede Frage sollte sich konkret auf die Sache beziehen, über die Sie etwas wissen wollen. Seien Sie sich im klaren darüber, was Sie fragen. Eine Frau könnte zum Beispiel die Frage stellen: »Werde ich dem Mann meiner Träume begegnen?« Wenn sie ihren Traummann bereits kennt, könnte sie eine negative intuitive Antwort erhalten. Sie kann den Mann ihrer Träume nicht mehr kennenlernen, weil sie ihm schon begegnet ist! Es wäre besser, zunächst zu fragen: »Kenne ich den Mann meiner Träume schon?« oder: »Wann werde ich den Mann meiner Träume treffen?«

Hier noch ein Beispiel aus dem geschäftlichen Bereich: Sie sollten nicht fragen: »Ist die CyberTech Corporation ein solides Unternehmen?«, wenn Sie eigentlich wissen möchten, ob es sich lohnt, in die Aktien dieser Firma zu *investieren.* Noch besser ist es, wenn Sie fragen, ob sich die Investition *innerhalb eines bestimmten Zeitraums* lohnt. Aktien, die sich vielleicht sehr gut für eine kurzfristige Investition eignen, könnten sich langfristig als Reinfall entpuppen.

Übung 7

Überarbeitung Ihrer drei Fragen

Überarbeiten Sie nun Ihre drei Fragen aus Übung 2. Vergewissern Sie sich, daß sie die genannten Voraussetzungen erfüllen: Sind sie genau, einfach, und beziehen sie sich auf die Sache, über die Sie etwas wissen wollen?

Lesen Sie sich jede überarbeitete Frage laut vor. Für Ihre Intuition ist das nicht nötig, aber es erinnert Sie an die genaue Formulierung.

Vergessen Sie nicht – wie in Kapitel 4 empfohlen – viele verschiedene Fragen zu stellen, deren Ergebnis Sie spätestens in ein bis zwei Jahren wissen werden. Durch das Feedback, das Sie bekommen, wenn Sie die Fragen richtig beantworten – und ich weiß, daß es Ihnen gelingt! – werden Sie Ihrer intuitiven Fähigkeit mehr und mehr zutrauen.

Wenn Sie weitere Tips lesen wollen, wie man nützliche Fragen stellt, dann werfen Sie ruhig einen Blick auf das Kapitel »Weitere nützliche Fragen« auf Seite 229.

Schreiben Sie nun Ihre Liste noch einmal neu und versehen Sie sie in Ihrem Intuitionstagebuch mit der Überschrift »Übung 7«.

Arbeiten Sie weiterhin gut mit. Bevor Sie es merken, werden Sie Ihr erstes Reading geben!

Ein wichtiger Hinweis

Den Rest des Buchs werden wir damit zubringen, die drei Fragen zu beantworten, die Sie in dieser Übung aufgeschrieben haben. Lesen Sie dieses und das vorige Kapitel nochmals sorgfältig durch und vergewissern Sie sich, daß Sie sich ganz genau an meine Anweisungen gehalten haben.

Ich möchte nicht pedantisch sein, aber es wäre schade, wenn Sie in den nächsten Wochen viel Zeit darauf verwenden, die Übungen durchzuarbeiten, nur um dann herauszufinden, daß Sie Fragen beantwortet haben, die Sie gar nicht stellen wollten.

Intuition in Aktion

Die Geschichte einer Kursteilnehmerin

Seitdem ich gelernt habe, meine Intuition besser zu nutzen, bin ich mir dessen bewußt geworden, daß mein Leben in wiederkehrenden Zyklen verläuft. Manchmal ist meine Intuition auf die Liebe ausgerichtet, während ich mich zu anderen Zeiten vielleicht aufs Geld, meine Karriere oder meine Freunde konzentriere.

Als ich vor neun Jahren damit begann, meine intuitiven Fähigkeiten zu trainieren, kreisten all meine Gedanken um die Liebe. Folglich versuchte ich, durch die Intuition Informationen über mögliche Beziehungen zu bekommen. Zunächst bekam ich »Hinweise« darüber, was mich daran hinderte, jemanden zu finden, und worauf ich diesbezüglich selber achten mußte.

Ab einem gewissen Zeitpunkt ging mir eine Erinnerung immer und immer wieder durch den Kopf. Zunächst ergab sie keinen Sinn. Doch dann verband sie sich mit einer anderen Erinnerung, und schließlich blieben die Erinnerungen bei einem Namen hängen. Ich mochte auf einmal den Namen Kirk sehr gerne, weil er mir ständig durch den Kopf ging.

Aus Jux rief ich eine alte Schulfreundin an. Nachdem wir uns einige Male getroffen hatten, lernte ich den Bruder ihres Mannes, Kirk, kennen. Auf den ersten Blick konnte ich ihn nicht ausstehen. Mittlerweile sind wir allerdings schon fünf Jahre verheiratet.

Mein Mann arbeitet nicht mit seiner Intuition und er war diesbezüglich anfangs sehr skeptisch. Während unseres ersten Ehejahres habe ich intuitiv viele Dinge über Kirk herausgefunden, so zum Beispiel, was er an bestimmten Tagen zu Mittag aß, oder daß er einmal eine Lungenentzündung hatte. Ich stellte jedoch fest, daß es ihm manchmal zuviel wurde und er mich fast als »Eindringling« empfand, wenn ich meine Intuitionen über seine Persönlichkeit mit ihm teilte. Jetzt beschränke ich meine intuitiven Bemerkungen darauf, seine Fragen zu beantworten. Kirk ist Anwalt und stellt mir vor einer Verhandlung immer Fragen wie zum Beispiel: »Muß ich heute im Gerichtssaal mit Überraschungen rechnen?«

Meine Intuition gibt mir das Gefühl, daß ich mein Leben und meine Entscheidungen besser kontrollieren kann. Wenn mein Anlageberater mir rät, Aktien zu kaufen, schreibe ich mir den Namen der Firma auf und mache mir selbst ein Bild von der Lage. Dann erkundige ich mich bei meinem Anlageberater näher über das Unternehmen. Erst dann entscheide ich mich. Ich habe jetzt das Gefühl, daß ich mich selbst über Themen informieren kann, bei denen ich früher von der Meinung anderer abhängig war.

7
Herzlichen Glückwunsch zu Ihrem ersten Reading

Ein Geheimnis wird gelüftet: Sie haben bereits Ihr erstes Reading gegeben

Sie erinnern sich vielleicht daran, daß ich Sie in Kapitel 5 gebeten habe, auf eine Reihe von »Auslösern» zu antworten (→ Übung 4, S. 55). Zu diesem Zeitpunkt habe ich Sie absichtlich über den Zweck der Übung im dunkeln tappen lassen.

Nun sollen Sie ihn erfahren: Sie haben ein Reading gegeben und damit eine Frage beantwortet. Natürlich wußten Sie das nicht, oder doch? Wenigstens nicht *bewußt*. Blättern Sie nun zu Seite 76, zur Antwort auf Übung 8 (die bald folgt), um zu erfahren, welche Frage Sie beantwortet haben.

Halt, warten Sie noch einen Moment!

An dieser Stelle denken Sie vielleicht: »Moment mal, hat Laura gerade gesagt, daß ich ein intuitives Reading gegeben habe?«

Ja, *genau das* habe ich behauptet.

Ich möchte nicht, daß Sie nun meinen, die Assoziationsübung sei die Art und Weise, wie man ein Reading gibt. So ist es nämlich nicht. Zudem wäre es ein gerechtfertigter Einwand, wenn Sie sagen würden, daß Ihre Antworten in dieser Übung an sich noch keine Antwort auf die gestellte Frage liefern.

Das ist ganz richtig. Sie müssen nämlich zunächst alle Eindrücke individuell interpretieren und dann versuchen zu erkennen, was sie zusammengenommen bedeuten. Sie werden später lernen, wie man das macht. Lassen Sie mich Ihnen trotzdem versichern, daß es nicht viel komplizierter ist, ein Reading zu geben.

In jedem Fall ist es im Moment eine gute Übung für Sie, wenn Sie ohne weitere Anleitung versuchen, einen Sinn aus Ihren Antworten herauszufiltern. Machen Sie es einfach so gut Sie können, denn in den kommenden Kapiteln werden wir noch häufig auf diese Technik zurückgreifen.

Übung 8

Intuitive Bilder interpretieren

Wenn Sie sich nun Ihre Antworten auf Übung 4 ansehen, was fällt Ihnen bei den einzelnen Begriffen oder Bildern auf? Da Sie jetzt wissen, wie die Frage lautet (Sie finden den Schlüssel zu dieser Übung, wie gesagt, auf Seite 76), möchte ich Sie bitten, jede Assoziation als bedeutungsvolle Antwort auf diese Frage zu interpretieren. Sie müssen vielleicht bei einer oder mehreren Assoziationen Ihre Auslegung »dehnen«, damit sie auf die Frage »paßt«. Das ist ganz in Ordnung.

Nehmen Sie Ihre Antworten wie immer auf eine Kassette auf. Denken Sie sich nichts dabei, wenn sie komisch klingen, denn dies ist Ihr erstes Reading.

Wenn Sie Ihre intuitiven Assoziationen noch einmal der Reihe nach durchgegangen sind, sollten Sie sie insgesamt betrachten. Was haben sie gemeinsam? Welche übergeordneten Themen werden sichtbar?

Suchen Sie nicht nur nach offensichtlichen Dingen; viele Bedeutungen können subtil sein. Sie könnten zum Beispiel folgende Wörter empfangen: *taub, total* und *toll*. Sie alle enthalten T-Laute. Das kann – muß aber nicht unbedingt – ein wichtiger Hinweis sein.

Nehmen Sie, wenn möglich, alles auf eine Kassette auf. Sprechen Sie ohne Unterbrechung, denn das gibt Ihrem Bewußtsein weniger Zeit, den unbewußten Fluß zu unterbrechen.

Wenn Sie Ihre Antworten aufschreiben, sollten Sie ohne zu unterbrechen mitschreiben. Achten Sie darauf, daß Sie sich dabei in einer bequemen Haltung befinden.

Betrachten Sie die Fragmente, die Sie während Ihres Readings in Übung 4 empfangen haben. Achten Sie auf die Bedeutung, die jede Eingebung *für Sie* hat. Versuchen Sie, aus diesen Informationen eine Antwort auf die Frage herauszufiltern. Denken Sie daran, alles in Ihr Intuitionstagebuch zu schreiben.

Das Reading einer Kursteilnehmerin

In Kapitel 5 konnten Sie bereits die Antworten einer Kursteilnehmerin auf Übung 4 lesen. Es folgt eine Aufzeichnung ihres Readings, nachdem sie die Frage für Übung 8 gesehen hatte und ihre Assoziationen daraufhin interpretierte.

Antwort auf **Übung 8**: Hier ist die Frage, für die Ihre Intuition in Übung 4 Informationen gesammelt hat: »Inwiefern wird sich mein Leben in einem Jahr verändert haben?«

Mein Name ist Jane, und der meines Mannes lautet Zach. Ich habe vorhin mit guten Freunden aus Boston gesprochen, die zwei Kinder haben. Sie baten mich, Taufpatin für ihr jüngstes Kind zu sein. Kräuter wachsen in Büscheln. Gelb ist die Sonne, ohne die nichts wachsen würde. Vielleicht werde ich einen Sohn bekommen. Ein Kind ist wertvoller als ein Diamant. Die Donau bedeutet Liebe. Das eine Jahr erklärt sich von selbst. »Swing low, sweet chariot, coming for to carry me home.« Das Bild der Hängematte erinnert mich an ein Baby im Mutterleib. Ich würde sagen, daß ich wahrscheinlich im nächsten Jahr ein Kind bekommen werde.

Intellektualisieren Sie Ihre Antworten nicht. Lassen Sie Ihre Eingebungen andere bedeutungsvolle oder suggestive Assoziationen hervorbringen.

Warum wir auf diese Weise vorgegangen sind

Ich habe Ihnen in Übung 4 nicht gesagt, daß Sie ein Reading geben werden, weil viele Menschen in diesem Fall sofort alle möglichen Widerstände entwickeln. Sie denken zum Beispiel: »Ich weiß doch noch gar nicht, wie man ein Reading gibt« oder: »Wie kann ich auf eine Frage antworten, die ich noch nicht kenne?«

Diese bewußten Zweifel (genau wie andere unbewußte Zweifel) stören den reibungslosen Ablauf des intuitiven Prozesses. Daher mußte ich darauf achten, daß Sie für Ihre intuitiven Assoziationen offen waren.

Für Ihr Bewußtsein war es nicht nötig zu erkennen, was Sie intuitiv getan haben. Sobald Sie mehr Vertrauen zu Ihren intuitiven Kräften haben, müssen Sie Ihr Bewußtsein nicht mehr übergehen. Es ist ja gerade unser Ziel, einen Prozeß bewußt zu kontrollieren, der bis jetzt fast ausschließlich unbewußt abläuft.

In den folgenden Kapiteln werde ich Sie auffordern, weitere Übungen zu machen, deren Sinn Ihnen vielleicht nicht sofort klar ist. Machen Sie sie einfach so gut Sie können – und vertrauen Sie darauf, daß Sie sie richtig machen.

8
Sie wissen bereits alles

Der vergessene Sinn

Die Intuition ist eine Gabe, die wir von Geburt an besitzen, genauso wie die Fähigkeit zu sprechen und zu denken oder der Sinn für Musik. Die Intuition ist keine Kraft, die man erwirbt, sondern ein wesentlicher Teil jedes mentalen, emotionalen und psychischen Prozesses.

In jedem Moment – auch jetzt gerade – bekommen Sie intuitiv Informationen; Sie sind sich dessen nur nicht bewußt. Sie beziehen die Intuition bei allen praktisch durchdachten Entscheidungen mit ein, die Sie jeden Tag fällen, angefangen bei so alltäglichen Dingen wie der Zusammenstellung Ihres Abendessens, über die Wahl Ihres Studienfaches bis hin zur Entscheidung, wen Sie heiraten.

Der Trick, Ihre Intuition wirksamer einzusetzen, besteht darin, die unbewußten Daten, die sie zur Verfügung stellt, an den Ort zu leiten, an dem Ihr Bewußtsein sie interpretieren kann.

Um diesen unbewußten Vorgang kontrollieren zu können, sollten Sie sich von mir führen lassen und die Übungen machen. Ich werde Ihnen zeigen, wie es geht. In gewissem Sinne handelt dieses Buch davon, mehr Aufmerksamkeit für eine Fähigkeit zu entwickeln, die Sie bereits besitzen und einsetzen.

Erinnern Sie sich noch an die Fernsehserie ›Kung Fu‹?

In der ersten Episode der Fernsehserie ›Kung Fu‹ wird im Rückblick erzählt, wie ein kleiner Junge in einen geheimen chinesischen Tempelorden aufgenommen wird, in dem Kung Fu gelehrt wird. Als er kurze Zeit später den Lehmboden im Hof kehrt, trifft er einen der Meister. Der Junge ist überrascht, als er bemerkt, daß der Mann blind ist, da er genauso gut wie die anderen zurechtzukommen scheint.

Der Weise erzählt ihm, daß die Blindheit für ihn keine besondere Behinderung ist, weil er dadurch seine anderen Sinne entwickeln konnte. Um seine Aussage zu veranschaulichen, fragt er den Jungen, ob er den winzigen Grashüpfer bemerkt hat, der still bei seinen nackten Füßen sitzt.

Der Junge blickt zu seinen Füßen hinab, als der Grashüpfer gerade weghüpft. Dann schaut er wieder zum Meister hinauf und fragt: »Alter Mann, wie kommt es, daß Sie den Grashüpfer bei Ihren Füßen hören können?« Daraufhin antwortet der Weise: »Junger Mann, wie kommt es, daß Du es nicht kannst?«

Wenn mich jemand fragt, wie es kommt, daß meine intuitiven Fähigkeiten so ausgeprägt sind, bin ich manchmal versucht, die gleiche Frage zu stellen: »Wie kommt es, daß Ihre intuitiven Fähigkeiten nicht ausgeprägt sind?« Wie der

Weise ziehe ich den Betreffenden natürlich nur ein bißchen auf, weil ich weiß, daß es für uns nicht immer leicht oder normal ist, ganz »normale« Dinge zu tun.

Bisher habe ich noch niemanden getroffen, der nicht intuitiv veranlagt war. Haben einige Menschen eine stärkere intuitive Veranlagung als andere? Mit Sicherheit. Manche Menschen sind von Natur aus begabter, was das intuitive Urteilsvermögen betrifft, während andere bessere Logiker, Maler oder Schriftsteller sind.

Wenn Sie sowieso schon intuitive Fähigkeiten haben, warum brauchen Sie dann noch dieses Buch?

Sie fragen sich vielleicht, wofür Sie dieses Buch brauchen, wenn die Intuition eine angeborene Fähigkeit ist, die Sie bereits immerzu einsetzen? Warum sollten Sie sich zusätzlich Arbeit machen, wenn Sie ohnehin von Natur aus eine ausgeprägte Intuition haben? Das ist eine gute Frage (und, glauben Sie mir, ich bin ein Mensch, der am ehesten den Weg des geringsten Widerstands geht).

Vielleicht haben Sie Ihre Intuition bisher aufs Geratewohl eingesetzt. Der Trick ist zu wissen, wie man einen Zugang zur Intuition bekommt und sie effektiv nutzt. Zu lernen, die Informationen zu verstehen, die Sie intuitiv erhalten, erfordert eine bestimmte Systematik, genauso wie das Denken durch die Systematik verbessert wird, die von der Logik bereitgestellt wird. Welche intuitiven Fähigkeiten Sie auch aus Ihrer Kindheit behalten haben, Sie können sie mit Hilfe der richtigen Anleitung und etwas Übung wie jede andere Anlage weiterentwickeln. Sie können lernen, diese unerschöpfliche Informationsquelle jederzeit anzuzapfen.

Die Intuition ist ein wichtiges Instrument, wenn sie neben all den anderen Elementen des Entscheidungsprozesses nicht verlorengeht. Dasselbe gilt für die Gefühle und den Intellekt. Wenn wir wissen, worauf wir reagieren und aus welchem Grund, können wir klarere rationale Entscheidungen fällen. Es fasziniert mich immer wieder, daß Intuition und Irrationalität oder Emotionalität miteinander verknüpft sind, denn die meisten unserer Entscheidungen basieren auf einer Mischung aus verschiedenen und oft widersprüchlichen Tatsachen, Gefühlen, Gedanken und Erinnerungen.

Wenn Sie sich Ihrer intuitiven »Treffer« bewußt sind, können Sie diese Informationen zusammen mit den anderen Aspekten, die Sie berücksichtigen, in Ihre Entscheidungsfindung einbeziehen. Das Training der Intuition hilft zudem dabei, Logik und Emotionen sinnvoll einzusetzen, da man lernt, beide als unabhängige Prozesse zu identifizieren, die getrennt voneinander ablaufen. Somit kann man beide auf wirksame Art und Weise nutzen.

Intuition in Aktion

Ein Beispiel

Vor vielen Jahren waren mein Mann und ich in New York auf Wohnungssuche. Mein Vater nahm automatisch an, daß wir in seiner Nähe in der Park Avenue wohnen würden. Als ich den Immobilienteil der Sonntagsausgabe der ›New York Times‹ durchblätterte, erweckte eine Anzeige mein Interesse. Obwohl die Wohnung in einer Gegend lag, in der ich in all den Jahren, die ich in New York gelebt hatte, noch nie gewesen war, zog mich irgend etwas an, und deshalb fuhr ich hin, um mir die Wohnung anzusehen. Die Gegend war ziemlich heruntergekommen, aber dennoch machte ich für zwei nebeneinanderliegende Wohnungen ein sehr niedriges Angebot.

Zu meinem Erstaunen wurde es angenommen. Ich kaufte die zwei Wohnungen, und einige Jahre später wurde die Gegend zu einer der beliebtesten in ganz New York.

Im nachhinein erfuhr ich, daß mein Angebot angenommen worden war, weil die Hausverwaltung zu dem Zeitpunkt noch zwei Wohnungen in dem Gebäudekomplex verkaufen mußte, um ein spezielles Förderprogramm beantragen zu können. Zufällig hatte ich ein Angebot für die beiden noch ausstehenden Wohnungen gemacht.

Ist das Monster echt?

In unserer Kindheit sind wir alle offen für intuitive Informationen. Da wir jedoch in einer Gesellschaft leben, die uns lehrt, allem zu mißtrauen, was nicht sichtbar, greifbar oder »wissenschaftlich« und logisch ist, wird uns diese Fähigkeit »abgewöhnt«, wenn wir »erwachsen werden«. Ich habe diese Fähigkeit jedoch nie verloren.

Als Kinder empfinden wir alle Eindrücke als real. Weil unsere Intuition noch roh und untrainiert ist, nutzen wir sie unbewußt und nehmen dabei Dinge auf, die unsere Ängste und Wünsche bestätigen. Bereitwillig akzeptieren wir diese Eindrücke, weil wir uns nicht klar darüber sind, daß sie von unserer Intuition empfangen wurden. Wenn nachts ein Schatten an der Wand wie ein Monster aussieht, fragen Kinder nicht: »Ist das Monster echt?«, sondern: »Wird es mir etwas tun?«

Das Monster ist nicht nur eine vage Erfindung. Es hat eine bestimmte Beschaffenheit, es verfolgt einen ganz bestimmten Zweck und oft ist es eine detaillierte und genaue bildliche Darstellung der seelischen Belastungen und Bedrohungen im Leben des Kindes. Wenn Sie das Kind fragen, wodurch das Monster verscheucht werden kann, bekommen Sie meist eine genaue Beschreibung der Lösung. Das Unbewußte des Kindes kennt sie.

Erwachsene sind natürlich »realistischer«. So werden Kinder, die ihren Eltern erzählen, daß sie ein Monster »gesehen« haben, häufig wegen ihrer »eingebildeten« Ängste aufgezogen. Die Eltern merken nur selten, daß das Unbewußte ihres Kindes eine komplexe, abstrakte Angst (zum Beispiel vor dem versteckten Zorn eines Erwachsenen) durch ein greifbares Symbol ausdrückt, mit dem Kinder etwas anfangen können: zum Beispiel ein Monster.

Wenn wir erwachsen werden, wissen wir meistens nur, daß wir Angst haben. Wir können diese Angst nicht genau beschreiben und wissen nicht, wie wir damit umgehen sollen. Manchmal projizieren wir die Angst auf etwas »Reales«, wie zum Beispiel auf das Fliegen oder auf Beziehungen. Da wir den Kontakt zu unserer Fantasie und der Fähigkeit, so zu tun, »als ob«, verloren haben, fehlt uns paradoxerweise der Zugang zu unserer unbewußten Fähigkeit, die Bedeutung vieler Dinge zu erkennen, und das zu einem Zeitpunkt, an dem wir die intellektuelle Reife hätten, dieses Wissen gewinnbringend für uns zu nutzen.

In einem sehr jungen Alter lernen wir, unserer Intuition zu mißtrauen. Wenn wir älter werden, lernen wir, Tatsachen als real, sachdienlich oder objektiv einzustufen und all das auszulöschen, was nach Auffassung der Gesellschaft nicht real ist. Nach einiger Zeit läuft diese geistige Zensur unbewußt und automatisch ab. Da die meisten Menschen ihre intuitiven Fähigkeiten seit ihrer Kindheit verdrängt haben, muß man zu Beginn jedes Intuitionstrainings lernen, darauf zu achten, welche der Eindrücke man sich einbildet und welche Wahrnehmungen man ignoriert.

Lernen Sie, Ihre Intuition wahrzunehmen

Ein Grund, warum Sie Ihre Intuition nicht erkennen, ist, daß sie eine andere Sprache spricht. Die Intuition drückt sich häufig durch Symbole und Fragmente aus. Nur ganz selten verwendet sie vollständige Sätze. Überdies ergeben intuitive Informationen »oft keinen Sinn«, vor allem, wenn es um die Zukunft geht. Das Resultat ist, daß wir solche Informationen schnell beiseite schieben.

Eine meiner Freundinnen, die Schauspielerin ist, trank eines Morgens am Filmset nicht ihren üblichen Cappuccino. Sie »hatte irgendwie ein komisches Gefühl«, und unterließ es deshalb, obwohl sie normalerweise zwei Tassen eines koffeinhaltigen Getränks braucht, um den Tag zu beginnen. Am Nachmittag hatte das ganze Team starken Durchfall, den die Milch im Cappuccino, die offensichtlich verdorben war, ausgelöst hatte. Meine Freundin konnte diese Unannehmlichkeit vermeiden, indem sie auf ihre Intuition hörte, obwohl es keinen sachlichen »Grund« dafür gab, auf ihren Cappuccino zu verzichten.

Wir handeln nie ausschließlich emotional, logisch oder intuitiv

Wenn wir das Erwachsenenalter erreichen, ist die Intuition bereits so stark mit den anderen mentalen Prozessen verflochten, daß wir sie nicht mehr unabhängig von unseren Gedanken und Gefühlen, unserem Wissen und den scheinbar logischen Prozessen der Entscheidungsfindung einsetzen können. So wie die Logik durch Gefühle verschleiert werden kann, wird die Intuition häufig durch Wissen und Logik vernebelt.

Ob Sie sich dessen bewußt sind oder nicht, Ihre Intuition spielt bei jeder Entscheidung, die Sie treffen, eine Rolle. Menschen, die ihre Intuition nicht bewußt nutzen, setzen sie in der Regel in Bereichen ein, mit denen sie sich täglich beschäftigen: zum Beispiel in ihrem Beruf oder innerhalb ihres Fachgebiets. Ärzte nutzen ihre Intuition instinktiv, um Diagnosen zu erstellen, Geschäftsleute nutzen sie, um die Gewinne ihrer Investitionen zu schätzen.

Auch wenn jemand emotional von einer Sache vereinnahmt ist, wird er diesbezüglich intuitiv reagieren. Ein Angestellter, der in einer Entlassungsperiode befürchtet, seinen Job zu verlieren, wird automatisch intuitive »Antennen ausfahren«, um jedes Anzeichen von Gefahr wahrzunehmen. Die Intuition der Mutter eines Neugeborenen wird auf das Kind gerichtet sein, damit sie all seine Bedürfnisse wahrnehmen kann.

Ihre Intuition ist unaufhörlich zugange, sogar bei so banalen Dingen wie der Zubereitung einer Mahlzeit. Angenommen, Sie planen das Abendessen. Sie versuchen, den Geschmack Ihrer Familie sowie grundlegende Ernährungsrichtlinien zu berücksichtigen und alles innerhalb einer realistischen Zeit zu schaffen. Plötzlich sehen Sie ohne einen bestimmten Grund vor Ihrem inneren Auge einen Kürbis. Obwohl Sie Kürbis nicht besonders mögen, entschließen Sie sich, ihn mit auf Ihre Einkaufsliste zu setzen. Beim Abendessen ist Ihre Schwester ganz begeistert. »Woher hast Du das gewußt?« fragt sie und erzählt Ihnen, daß sie schon die ganze Woche Lust auf Kürbis hatte.

Aufmerksam werden

Wenn man lebt, atmet man ununterbrochen, ohne darüber nachzudenken. Während Sie Seite für Seite dieses Buches umblättern, führt Ihr Organismus unglaublich komplexe physische Funktionen auf einfache und effiziente Weise aus, ohne daß Ihnen das bewußt wird. Die Atmung begleitet alles, was wir tun. Sie läuft zum Glück im Hintergrund ab, so daß wir unser Bewußtsein auf andere Dinge richten können.

Doch wie fortgeschrittene Praktizierende des Yoga bestätigen, erzielt man viele positive Wirkungen, wenn man die bewußte Kontrolle über seinen Atem zurückgewinnt. Mit Hilfe verschiedener Atemtechniken können wir Schmerzen kontrollieren, unsere Konzentration steigern, besser entspannen und sogar Heilungsprozesse beschleunigen.

Während Sie dieses Buch lesen, setzen Sie zudem eine Vielzahl komplexer mentaler Funktionen ein, *ohne sich dessen bewußt zu sein*. Betrachten wir einmal eine solche Funktion, zum Beispiel Ihr Erinnerungsvermögen. Wenn Ihr Blick auf ein Wort auf einer Seite stößt, wird dieses sofort mit den Zehntausenden von Wörtern verglichen, die Sie in Ihrer Erinnerung gespeichert haben. Zusammen mit diesem Wort werden Bilder und Assoziationen, die in Verbindung damit gespeichert sind, aus Ihrer Erinnerung hervorgeholt und Ihrem Bewußtsein zugänglich gemacht.

Ihre Intuition funktioniert fast genauso. Sie versorgt Ihr Bewußtsein unaufhörlich mit Informationen, obwohl Ihnen dieser Vorgang normalerweise nicht bewußt ist.

Der Schlüssel zur Entwicklung Ihrer intuitiven Fähigkeiten ist also kein Geheimnis. Es geht lediglich darum zu lernen, wie und wohin Sie Ihre Aufmerksamkeit verlagern müssen.

9

Die Aufmerksamkeit verlagern: Befreien Sie Ihre Intuition

Was nehmen Sie in diesem Moment wahr?

Durch die hochentwickelte Technologie werden wir immer mehr von unserer Umwelt abgeschnitten und verlieren gleichzeitig den Bezug zu unseren Sinnesorganen sowie zu unserer Intuition. Da wir unaufhörlich von Reizen überflutet werden, haben wir gelernt, die meisten Informationen, die wir empfangen, wegzufiltern. Wir können uns auch dem Einfluß der Gesellschaft nicht entziehen, die mittels Sprache und Konventionen definiert, was als »real« akzeptiert wird.

Machen Sie sich aufs neue mit Ihren Sinnen vertraut. Welche Eindrücke empfangen Sie durch Ihren Tastsinn, während Sie dieses Buch lesen? Spüren Sie das Gewicht des Buchs in Ihren Händen oder bemerken Sie vielleicht Ihr Körpergewicht?

Welche Wahrnehmungen empfangen Sie von Ihrem Gesichts-, Geruchs- und Gehörsinn?

Und dann sind da noch Ihre anderen, inneren Empfindungen, wie zum Beispiel Ihre Gedanken und Gefühle, Ihre Stimmungen und Erinnerungen. All diese Eindrücke stürmen auf Sie ein, doch in einem bestimmten Moment nehmen Sie nur einen klitzekleinen Teil davon bewußt wahr.

Während Sie lernen, Ihre Intuition so zu trainieren, daß Sie sie jederzeit praktisch einsetzen können, sollten Sie sich nicht zum Ziel setzen, *alles* bewußt wahrzunehmen. Sie sollten vielmehr äußerst empfänglich dafür werden, was Sie spüren, damit Sie es dann bewußt in den Hintergrund verschwinden lassen können. Wenn dieser tägliche »Lärm« schwächer wird, können Sie Ihre Sinne darauf richten, intuitive Informationen zu sammeln.

Von Ihren Wahrnehmungen zu berichten, ist vielleicht schwieriger, als Sie meinen

Da Ihr Ziel letztendlich darin besteht, intuitiv Informationen zu sammeln und auszuwerten, müssen Sie zunächst in dem Moment von Ihren Empfindungen berichten, in dem Sie sie wahrnehmen. Sie müssen also die Fähigkeit entwikkeln, zur selben Zeit, in der Sie Eindrücke erhalten, ohne Unterbrechung zu sprechen oder zu schreiben. Die folgende Übung wird Ihnen dabei helfen.

Übung 9

Ein Spiegel sein

In dieser einfachen Übung sollen Sie nichts anderes tun, als alles zu berichten, was Sie spüren, fühlen und denken – und zwar laut.

Beauftragen Sie einen Freund oder eine Freundin, genau mitzuschreiben, wenn Sie keinen Kassettenrecorder zur Hand haben. Wenn Sie lieber selbst mitschreiben wollen, sollten Sie nach Möglichkeit eine Art von Kurzschrift verwenden, damit Sie mit dem Strom Ihrer Eindrücke mithalten können.

Da Sie sich Ihrer Intuition in alltäglichen Situationen bewußt werden wollen, sollten Sie ganz natürlich bleiben. Sie können diese Übung im Sitzen oder Liegen machen. Wenn Sie bereit sind, atmen Sie einige Male tief durch.

Beginnen Sie einfach damit zu berichten, was Sie in diesem Moment wahrnehmen. Wenn Sie draußen Autogehupe hören, sagen Sie das. Wenn Ihre Nase kitzelt, sagen Sie es (und kratzen Sie sich ruhig). Wenn Sie Hunger haben, sagen Sie es.

Der Trick besteht darin, *alles, was Sie bemerken*, zu erzählen. Achten Sie darauf, von allen Gedanken, Gefühlen oder Erinnerungen zu berichten, derer Sie sich bewußt werden.

- Wenn Sie sich daran erinnern, daß Sie vergessen haben, eine Rechnung zu bezahlen, sagen Sie es.
- Wenn Ihnen die Musik aus einem Werbespot partout nicht aus dem Kopf gehen will, sagen Sie es.
- Wenn Sie das Gefühl haben, daß Sie »gar nichts wahrnehmen«, sagen Sie es.
- Und wenn Sie denken, daß diese Übung albern ist, sagen Sie auch das.

Während Sie diese Übung machen, werden Sie mitunter versucht sein, Empfindungen wegzulassen, die Ihnen trivial oder verwirrend vorkommen. Sie werden vor allem versuchen, Eindrücke zu ignorieren, die scheinbar »keinen Sinn ergeben«.

Widerstehen Sie dieser Versuchung. Bemühen Sie sich ernsthaft, ohne Unterbrechung zu sprechen oder zu schreiben. Auf diese Weise sind Sie gezwungen, genau zu berichten, ohne daß Ihr Bewußtsein dazwischenfunken oder zensieren könnte.

Denken Sie daran, daß es nicht darum geht, bestimmte Eindrücke, Bilder oder Empfindungen zu erhalten – denn gerade eine »Störung«, die Sie ablenkt oder irritiert, könnte wertvolle Informationen enthalten.

Beenden Sie die Übung nach ein paar Minuten oder wenn Sie keine neuen Eindrücke mehr empfangen.

Wenn Sie das Gefühl haben, daß Sie hängenbleiben, atmen Sie tief durch und konzentrieren Sie sich auf irgendeinen Ihrer Eindrücke oder Gedanken. Lassen Sie sich von ihm zu einer anderen Wahrnehmung oder einem anderen Gedanken führen und so weiter. Vergessen Sie nicht, Ihr Intuitionstagebuch zu verwenden.

Fangen Sie so schnell wie möglich an zu sprechen und reden Sie ohne Unterbrechung

Es ist wichtig, so schnell wie möglich mit dem Sprechen zu beginnen, nachdem Sie eine Frage gestellt haben. Wenn Sie langsamer werden oder eine Pause machen, wird Ihr Verstand sich einschalten und dem Fluß der intuitiven Bilder in die Quere kommen.

Kümmern Sie sich nicht darum, ob beim Sprechen die Grammatik stimmt oder ob das, was Sie sagen, einen Sinn ergibt. Sprechen Sie einfach weiter, auch wenn Sie den »Faden verlieren«. Vertrauen Sie darauf, daß Ihre Intuition ihn schnell wieder findet.

Intuition in Aktion

Eine persönliche Geschichte

Einmal kam eine Klientin zu mir, um zu erfahren, wie sie am besten mit ihrer Multiplen Sklerose umgehen sollte. Aufgrund der Krankheit hatte sie starke Muskelkrämpfe und war die meiste Zeit an den Rollstuhl gefesselt.

Als ich ihren Körper betrachtete, empfing ich ständig ein Bild aus einem Western, den ich am Abend zuvor gesehen hatte. Irgendwie war ich auf die Sporen an den Cowboystiefeln des Hauptdarstellers fixiert. Ich versuchte, das Bild aus meinem Kopf zu verbannen, weil ich dachte, es sei eine Störung, die meine Intuition blockierte.

Zum Glück erzählte ich meiner Klientin von dem Bild, und sie berichtete ihrerseits ihrem Arzt davon (sie war ganz schön mutig). Das Bild brachte den Arzt dazu, ihre Fersen zu untersuchen, und tatsächlich entdeckte er an beiden ein Überbein. Er behandelte diese, woraufhin die Frau ihren Rollstuhl nur noch selten benötigte.

Die Antwort eines Kursteilnehmers

Damit Sie einen Eindruck bekommen, wie detailliert Ihre Schilderungen sein sollten, finden Sie im folgenden die Aufzeichnung eines Kursteilnehmers, eines Mannes in mittlerem Alter. Er entschloß sich dazu, die Übung mit geschlossenen Augen zu machen (das brauchen Sie nicht zu tun), und nahm alles mit einem Kassettenrecorder auf. Was folgt, ist eine wörtliche Niederschrift einer zweiminütigen Sitzung. Der Mann sprach – bis auf kurze Pausen (sie sind durch drei Punkte wiedergegeben), die entstanden, wenn er Luft holte – tatsächlich ohne Unterbrechung.

> Ich bemerke meinen Atem, das Geräusch beim Ausatmen, die Bewegung meines Brustkorbs ... meine linke Wange juckt ... ich muß mich rasieren ... mein Rücken fühlt sich gerade an ... das Zimmer fühlt sich kühl an ... Ich kann noch meinen letzten Schluck Kaffee schmecken ... ich kann das Geräusch des Computerventilators hören ... ich bin ein bißchen steif, muß Sport treiben ... Ich frage mich, ob ich das hier richtig mache ... ein Auto draußen vor meinem Fenster ... ich habe Hunger ... meine Nase juckt ... ich frage mich, warum ich so komische Muster vor meinen Augen sehe ... helle Lichtblitze wie ein privates Kaleidoskop ... ich spüre mein Gewicht auf diesem Stuhl ... habe ich gesagt, daß ich Hunger habe? ... Ich verstehe den Sinn des Ganzen hier nicht ... Ich spüre meinen rechten Ellenbogen ... reicht das schon? ... es erinnert mich an eine ärztliche Untersuchung ... kaltes Stethoskop ... wieso kann ich meinen Herzschlag nicht hören? ... Ich höre das Ticken der Wanduhr ...

Eine äußerst wichtige Übung

Ihre Eindrücke wiederzugeben, ohne dabei etwas wegzulassen, ist eine so wichtige Technik, daß Sie diese Übung gegebenenfalls einige Tage lang machen sollten, bevor Sie weiterlesen. Sie müssen sich nicht extra Zeit dafür nehmen, nutzen Sie einfach die Zeit, die Sie während des Tages »übrig« haben.

10
Es gibt keine Zufälle

Warum Sie ganz bestimmte Dinge wahrnehmen

Im vorigen Kapitel haben Sie damit begonnen, Ihre Umgebung bewußter wahrzunehmen. Der Sinn der Übung bestand nicht darin, daß Sie alles bemerken (was unmöglich wäre), sondern daß Sie sich dessen bewußt werden, *was* Sie wahrnehmen.

Wir achten alle auf verschiedene Dinge. Warum nehmen Sie gerade das wahr, was Sie wahrnehmen, während ich auf ganz andere Dinge achte? Die meisten Menschen glauben, daß das völlig zufällig geschieht. Lesen Sie im folgenden den Kommentar eines Kursteilnehmers dazu:

> Na ja, ich nehme eben wahr, was ich wahrnehme. Bestimmte Dinge wecken meine Aufmerksamkeit. Manchmal ist das eine oder andere Sinnesorgan der Umgebung gegenüber aufmerksamer, aber ich glaube nicht, daß ein Muster oder irgend etwas anderes dahintersteckt. Ich nehme einfach wahr, was ich wahrnehme. Es bedeutet nichts.

Ich glaube, Sie stimmen mir darin zu, daß die meisten Menschen dasselbe sagen würden. Aber sie irren sich.

Was wäre denn, wenn Sie – nur einmal angenommen – das, was Sie wahrnehmen, aus einem *bestimmten Grund* wahrnehmen?

Sind Sie ein aufgeschlossener Mensch?

Wir kommen jetzt zu dem Aspekt, der für die meisten meiner Kursteilnehmer am unglaublichsten ist. Machen Sie sich auf etwas gefaßt. Ich werde Sie nämlich gleich bitten, von einer Prämisse auszugehen, die Ihre Wahrnehmung verändern wird. Vielleicht revidieren Sie aufgrund dessen sogar Ihre Vorstellungen von Erfahrung und Wirklichkeit.

Alles, was Sie wahrnehmen – alles, woran Sie sich erinnern, was Sie spüren, fühlen, träumen oder intuitiv erfahren, kurz: alles, was Sie bemerken – hat eine Bedeutung. Alles.

Lassen Sie das einen Moment lang auf sich wirken. Wenn Sie jetzt noch keine Gänsehaut bekommen haben, ist Ihnen die Tragweite dieser Behauptung noch nicht richtig bewußt geworden. Untersuchen wir nun, welche Folgerungen sich aus dieser Prämisse ergeben.

Alles ist ein Zeichen

Wenn Sie bemerken, daß Ihre Nase juckt, und wenn Ihnen die Farbe Ihrer Haut auffällt, bedeutet das etwas. Wenn Sie bemerken, daß Sie darauf achten, was Sie wahrnehmen, während Sie diese Zeilen lesen, hat auch das eine Bedeutung.

Nichts ist zufällig. Alles, was Sie bemerken, ist bedeutsam. Mit anderen Worten: es gibt keine Zufälle.

Je mehr man darüber nachdenkt, desto verwirrender wird das Ganze. Alles kann gedeutet werden. Es gibt nichts im Leben, was keine Bedeutung hätte. Ein großer Teil meiner Erfahrungen in dieser Welt wird von mir bewußt oder unbewußt eingefädelt. Ganz bewußt plane ich eine Verabredung mit meinem Vater; ich rufe ihn an und frage: »Wann können wir uns mal wieder treffen?« Unbewußt fädle ich dagegen einen Streit mit meiner besten Freundin ein.

Jeder Augenblick – in der Vergangenheit, Gegenwart oder Zukunft – hat eine Bedeutung. Jedes Zeichen, jede Handlung, alles, was wir bemerken, kann in die Vergangenheit zurückverfolgt werden und wird in der Gegenwart durch den Filter wahrgenommen, den wir im jeweiligen Moment verwenden. Und alles, was wir bemerken, wird in der Zukunft einen Sinn und eine Bedeutung haben. Die folgende Übung wird Ihnen helfen, dieses Prinzip konstruktiv in Ihrem täglichen Leben anzuwenden.

Übung 10

Was nehmen Sie wahr?

Teil I

Ich werde Sie gleich bitten, von dieser Seite aufzublicken und sich im Zimmer umzusehen. Jetzt noch nicht, aber wenn ich Sie darum bitte, möchte ich, daß Sie die erste Sache, an der Ihre Augen haften bleiben, detailliert beschreiben. Tun Sie so, als ob das, was Sie sehen, Bilder, Gefühle oder sogar eine Geschichte hervorruft – und schildern Sie alle Eindrücke und Informationen, die Sie empfangen.

Es gibt keine »richtige« Art und Weise, das zu tun. Lassen Sie innerlich zu, daß diese Informationen die Antwort zu der Frage auf Seite 100 beschreiben.

Gut. Schauen Sie jetzt auf. Beschreiben Sie die erste Sache, die Sie wahrnehmen und lassen Sie dies die Antwort auf die Frage für diese Übung sein. Beschreiben Sie Ihre Eindrücke ganz genau.

Teil II

Denken Sie nun über Ihre Antwort nach. Sind Ihre Eindrücke positiv oder negativ? Haben Sie vielleicht das Gefühl eines Ja oder eines Nein bekommen? Verändert sich das, was Sie wahrnehmen (riechen, sehen, schmecken, fühlen, sich vorstellen) eher zum Positiven oder zum Negativen? Welche anderen Anhaltspunkte gibt Ihnen Ihre Intuition?

Merken Sie sich alle Eindrücke und schreiben Sie sie unter der Überschrift »Übung 10« in Ihr Intuitionstagebuch.

Die Antwort eines Kursteilnehmers

Im folgenden können Sie lesen, welche Antwort ein Kursteilnehmer auf seine verdeckte Frage gab:

> Ich sehe eine Blechschachtel, die mit einem Schwein bemalt ist. Sie enthält lauter Briefe. Das Schwein frißt Gras und sieht glücklich aus. Es geht von der Dose weg, die voller Dinge ist, die erledigt werden müssen. Ein Wolf beobachtet das Schwein, doch die beiden sind durch einen Zaun voneinander getrennt. Das Geräusch der Klimaanlage nervt mich. Das Schwein frißt ruhig weiter, weil

> es weiß, daß der Wolf den Zaun zwischen ihnen nicht überwinden kann. Das Schwein hat keinen Grund, das Territorium des Wolfs zu betreten, und der Wolf verhungert schließlich, weil er das Schwein vergeblich von der anderen Seite des Zauns aus beobachtet.

Nun lesen Sie, wie der Teilnehmer sein Reading deutete, als er erfuhr, daß er die folgende Frage beantwortet hatte: »Werde ich gezwungen sein, meine Firma zu einem unakzeptablen Preis zu verkaufen?«

> Die Blechschachtel mit den Briefen könnte meine von Problemen gebeutelte Firma sein. Der Wolf ist der potentielle Käufer, der nur darauf wartet, daß die Schwierigkeiten den Preis drücken. Der Weggang des Schweins und der sichere Schutz durch den Zaun geben mir das Gefühl, daß die Schwierigkeiten überwunden werden und daß der »Wolf« uns nicht kriegt. Immerhin stirbt der Wolf, weil er nicht bekommt, was er wollte. Die Antwort auf die Frage ist deshalb ein klares Nein.

Lassen Sie Ihre Bilder zu Ihnen sprechen und übersetzen Sie jede Metapher in nützliche Informationen. Denken Sie nicht zu viel darüber nach. Lassen Sie Ihre Bilder und Metaphern, wie bei einer Allegorie, eine Geschichte erzählen.

Warum wir nicht mehr wahrnehmen

Nun fragen Sie sich vielleicht, wie Ihr Verstand mit all den Wahrnehmungen fertig wird, ohne verwirrt oder sogar verrückt zu werden. Das Unterbewußtsein läßt nicht zu, daß das Bewußtsein überschwemmt wird, es sei denn man nimmt Psychopharmaka oder hat eine sehr labile Persönlichkeit. Ihr Unterbewußtsein sagt Ihnen, was Sie aus der Fülle von Informationen wahrnehmen sollen. Es weiß, was wichtig für Sie ist, wählt aus und läßt die Informationen zu sinnvollen Mustern verschmelzen.

Wir bekommen ständig Zeichen, und zwar auf unterschiedlichste Weise

Ständig kommen uns irgendwelche Dinge in den Sinn. Aber in unserem Kulturkreis werden wir so konditioniert, daß wir sie nicht wahrnehmen. Wenn wir einen Gedanken haben, lassen wir den nächsten Schritt, nämlich ihn greifbar zu machen, nicht zu. Sie müssen sich Momente, in denen Ihnen etwas in den Sinn kommen kann, sozusagen bewußt zugestehen. Vielleicht nehmen Sie sich während einer Meditation vor, zwischen 10.30 und 11.00 Uhr darauf zu achten, was Ihnen durch den Kopf geht. Dann können Sie es genau betrachten und sich fragen, inwiefern diese Information Ihnen etwas nützt.

Für mich als praktisch veranlagter Mensch ist die Meditation problematisch, weil sie etwas abgehoben ist. Ich möchte Informationen, mit denen ich auch etwas anfangen kann. Indem Sie auswählen, was Sie wahrnehmen, stellen Sie Informationen bereit. Aber wenn es nur dabei bleibt und Sie nichts Greifbares daraus machen, bleiben die Informationen unbewußt und somit unbrauchbar.

Während ich dies schreibe, betrachte ich ein Buch in meinem Bücherregal. Es gibt einen Grund dafür, daß mir genau

Antwort auf **Übung 10**: Sie haben Ihre Frage 1 beantwortet.

dieses Buch auffällt. Der Name Diane auf dem Buchrücken sticht besonders hervor. Vielleicht werde ich übermorgen einer Frau namens Diane begegnen. Vielleicht ist es auch der Name der nächsten Lehrerin meines Sohnes. Wenn ich zulasse, daß alle Buchtitel, die ich in meinem Bücherregal sehe, bestimmte Menschen repräsentieren, denen ich begegnen werde, wird es letztendlich auch geschehen. Mein Unbewußtes wird die Namen aussuchen, die den Personen entsprechen, denen ich begegnen oder mit denen ich irgendwie zu tun haben werde.

Instinktiv machen wir etwas ähnliches mit Zeichen, an die wir glauben. Wir können uns auch bewußt entscheiden, es anders zu machen. Sie können zum Beispiel sagen: »Jede Zahl, die ich sehe, wird eine Gewinnzahl im Lotto sein.« Ich kann das noch nicht gut genug, sonst wäre ich schon Millionärin. Aber ich bin sicher, daß es machbar ist.

Die Intuition erweitert Ihr Bewußtsein

Bisher haben wir über die Bedeutung der Dinge gesprochen, die Sie in Ihrer Umgebung wahrnehmen. Die meisten Menschen, die über das Bewußtsein sprechen, denken, daß es relativ begrenzt ist. Sie glauben, daß wir uns unserer unmittelbaren Umgebung bewußt sein können, aber nicht mehr.

Das ist eine Fehleinschätzung. Die Intuition kann unser Bewußtsein grenzenlos erweitern. Mit Intuition können wir unser Bewußtsein an jeden Ort und in jede Zeit »versetzen«. Babys haben ein unbegrenztes Bewußtsein, weil sie sich noch nicht als von der Welt getrennt wahrnehmen. Die Informationen, die sie erhalten, sind daher noch völlig ungeformt und können nicht genutzt werden. Unser Ziel ist, unsere Intuition so einzusetzen, daß wir *nützliche* Informationen erhalten.

Wir suchen uns selbst aus, was wir wahrnehmen

Ich habe das Gefühl, daß wir bei jeder Entscheidung (selbst wenn es nur darum geht, welche Abkürzung wir auf dem Nachhauseweg nehmen) mitbestimmen, welchen Dingen wir begegnen. Wir entscheiden auch, was wir wahrnehmen. Einigen Menschen fallen interessante oder attraktive Leute auf der Straße auf, andere dagegen bemerken den Abfall. Meistens geschieht das unbewußt. Wir können unser Bewußtsein wirklich als Instrument einsetzen, wenn wir die Auswahl wahrnehmen, die wir treffen. Wenn wir feststellen, daß wir nur das Negative sehen, können wir diese Voreingenommenheit bewußt wahrnehmen und nach dem Guten Ausschau halten.

Sie gestalten Ihre eigene Wirklichkeit aktiv mit

In gewisser Hinsicht sind wir ständig dabei, unsere Realität mitzugestalten. Wir können zwar nicht willentlich beeinflussen, welche Zeichen oder Hinweise wir bekommen, aber wir haben einen Einfluß darauf, welche Bedeutung sie für uns haben. Um auf mein voriges Beispiel zurückzukommen: Ich kann mich darauf ausrichten, überall das Wort *Diane* zu sehen. In diesem Fall ist das Ziel der Übung, das Wort *Diane* wahrzunehmen. Wenn man gerne etwas vorhersehen möchte, ist das Ziel der Übung, das Unbewußte zu beauftragen, alles, was diesbezüglich in Zukunft wichtig sein wird, auszuwählen.

Weitere Überlegungen

Der größte Teil dieses Buches ist auf die Praxis ausgerichtet. Nur ein kleiner Teil enthält theoretische Abschnitte. Dieses theoretische Kapitel soll Ihnen dabei helfen, Ihrer Intuition zu vertrauen. Wenn Sie das noch nicht können, sollten Sie vielleicht noch etwas über die geschilderten Zusammenhänge nachdenken. In Kapitel 30 werden wir detaillierter darauf eingehen, welchen Einfluß die Intuition darauf hat, wie wir uns selbst und die Welt verstehen.

Nehmen Sie mich nicht beim Wort

Alles, wirklich alles, was Sie in Ihrer Umgebung wahrnehmen, bedeutet etwas. Es gibt einen Grund dafür, daß Sie ganz bestimmte Dinge bemerken. Der Trick ist zu wissen, welche Frage durch die Informationen beantwortet wird.

Die meisten Leute können nur schwer akzeptieren, daß alles, was sie wahrnehmen, etwas bedeutet. Wenn das für Sie ebenfalls schwierig ist, sollten Sie einfach so tun, »als ob« Sie in allem ein Zeichen sehen, und versuchen, nach der Bedeutung zu suchen. Mir ist allerdings bewußt, daß es vielen Menschen schwerfällt, so zu tun, »als ob«, deshalb können Sie im nächsten Kapitel üben, was früher (im wahrsten Sinne des Wortes) ein Kinderspiel für Sie war.

11

Tun Sie so, »als ob«

Die Intuition zu nutzen, ist im wahrsten Sinne des Wortes ein Kinderspiel

Wenn Sie Ihre intuitiven Fähigkeiten weiterentwickeln wollen, müssen Sie zunächst Ihre übersinnlichen Wahrnehmungen annehmen. Sich auf die Intuition zu verlassen bedeutet, ohne Sicherheitsnetz aus Logik, gesundem Menschenverstand und Erfahrung zu arbeiten. Das ist zwar nicht leicht, aber Sie können es schaffen, indem Sie so tun, als ob. Wenn Sie so tun, als ob alles eine Bedeutung hätte, und dann versuchen herauszufinden, worauf sich die Bedeutung bezieht, lernen Sie, bedeutungsvolle Dinge von bedeutungslosen zu trennen und somit Zeichen für sich zu erkennen.

Aber der erste Schritt ist, so zu tun, als ob die Tatsache, daß man gerade eine Mineralwasserflasche neben dem Computer betrachtet, eine Bedeutung hat. Dann erkennt man sie entweder sofort, oder man ermittelt sie intuitiv. Ich mache mir keine Gedanken darüber, wenn es nicht sofort einen Sinn ergibt, denn Symbole lassen sich häufig nicht so schnell interpretieren.

Problematisch wird es, wenn man für die Interpretation von Symbolen und intuitiven Informationen dieselben Kriterien verwendet, die man auch benutzt, um zu sehen, ob ein Virus im Labor auf ein bestimmtes Medikament reagiert. Das darf man natürlich nicht machen. Intuitive Informationen lassen sich nicht in einem kontrollierten Experiment mehrfach hervorrufen. Das ist genauso wie bei Träumen, die sich ja auch nicht jede Nacht wiederholen. Das heißt jedoch nicht, daß Träume keine Bedeutung hätten. Häufig liefern sie uns Informationen, die eine bestimmte Bedeutung oder Botschaft ständig wiederholen. Sie können einen Traum haben, der zunächst keinen Sinn ergibt. Wenn Sie aber später darauf zurückkommen und noch einmal darüber nachdenken, kann sich Ihnen der Sinn auf einmal erschließen.

Ich möchte Sie nochmals darauf hinweisen, daß es am wichtigsten ist, anhand einer gezielten Auswahl festzuhalten, was Ihnen in Ihrer Umgebung auffällt. So könnten Sie zum Beispiel für sich festlegen, daß alle Blumen, die Sie in der nächsten Woche sehen, Ihre Symbole sein werden. Am Ende der Woche steht vielleicht folgendes in Ihrem Intuitionstagebuch: »Auf der Straße habe ich eine rosafarbene Blume gesehen und vor dem Rathaus eine gelbe.«

Dieselbe Sache kann für zwei Menschen ganz unterschiedliche Bedeutungen haben. Katzen können beispielsweise für jemanden, der sie mag, ein Symbol für Freundschaft oder Zuneigung sein; für jemanden, der sie nicht mag, sind sie dagegen vielleicht ein Symbol für Unglück.

Sie müssen zulassen, daß Ihnen die Bedeutung Ihrer Symbole zugetragen wird, auch wenn es vielleicht eine Weile dauert. Selbst wenn Sie anfangs so tun müssen, als ob die

Symbole eine Bedeutung haben, sollten Sie offen dafür sein. Lassen Sie die Dinge bedeutungsvoll sein, und sie *werden* bedeutungsvoll.

Übung 11

Welches Hemd tragen Sie?

Tun Sie so, als ob das Hemd oder ein anderes Kleidungsstück, das Sie tragen, die Antwort auf die Frage enthält, die zu dieser Übung gehört.

Beschreiben Sie die Farbe des Kleidungsstücks, woran sie Sie erinnert, was die Farbe in diesem Augenblick für Sie bedeutet, und wie sich Ihr Gefühl zu der Farbe während der Übung verändert. Vergessen Sie nicht, alles in Ihr Intuitionstagebuch zu schreiben. Blättern Sie jetzt auf Seite 108 und lesen Sie die Frage zu dieser Übung. Interpretieren Sie dann Ihre Antwort.

Die Antwort einer Kursteilnehmerin

Hier der Bericht einer etwa dreißigjährigen Kursteilnehmerin:

> Irgendwo zwischen Wassergrün und klarem Himmelblau. Ich erinnere mich daran, wie ich als Kind bei meiner Großmutter im Garten im Gras lag, zu dieser Farbe hochschaute und sah, wie der Himmel sich über mir bewegte; ich träumte, daß alle meine Wünsche in Erfüllung gehen würden. Ich stellte mir vor, wie all das, was ich mir wünschte, hinter dem Rosenbusch hervorkommen würde, den ich aus den Augenwinkeln sehen konnte, während ich

nach oben blickte. Blau war die Farbe, die ich oberhalb des großen orangefarbenen Gebäudes sah, das mir den Blick auf die Stadt versperrte, wenn ich aus dem Fenster schaute. Ich kann mich an den Kontrast zwischen dem klaren Blau und den braun-orangen Farbtönen meines Zimmers erinnern. Das Braun-Orange strahlte Sicherheit aus, aber ich fühlte mich dadurch gleichzeitig gefangen und sehnte mich nach der Freiheit des Blaus.

In diesem Moment bemerke ich die grüne Farbe. Sie erinnert mich an eine Glasscherbe am Strand. Ich fand es immer toll, Glas am Strand zu finden. Die Geschichte dieser Scherben, die vielleicht einmal zu einer Flasche gehört hatten und durch die Zeit poliert worden waren, schien mir voller Magie.

Jetzt wirkt die Farbe meiner Bluse ruhig und angenehm. Ich bemerke die Intensität der Farbe mehr als zu Beginn der Übung.

Diese intuitiven Eindrücke vermitteln ein starkes nostalgisches Gefühl. Ich würde sagen, daß die Weiterentwicklung ihrer intuitiven Fähigkeiten dieser Frau sehr wahrscheinlich dabei helfen wird, wieder mit einem verlorenen Teil ihrer Kindheit in Berührung zu kommen.

Intuition in Aktion

Die Geschichte einer Kursteilnehmerin

Ich betreute einen Säugling, der bereits nach sieben Monaten zur Welt gekommen war. Das Baby war so winzig, daß die Krankenschwestern sein Gewicht in Gramm gemessen hatten: es wog 1200 Gramm (nur etwas über zwei Pfund). Nach zwei Tagen benötigte das Baby entgegen unseren Erwartungen nicht weniger Sauerstoff, sondern sogar noch mehr. Sein Bedarf an Sauerstoff wurde immer größer, was zu häufigen Diskussionen beim Krankenhauspersonal darüber führte, was wohl die Ursache für diesen bedrohlichen Zustand war.

Ich hatte irgendwie das Gefühl, daß das Baby einen größeren Luftschlauch benötigte. Nachdem der Zustand sich ständig verschlimmerte, erzählte ich dem leitenden Arzt von meiner Vermutung. Er entgegnete mir, daß das Risiko einer stärkeren Lungenblutung gegenüber der geringen Chance, daß ich recht hatte, zu groß sei. Ich hatte weiterhin dasselbe Gefühl und bestand darauf, daß es richtig war. Als es am fünften Tag so aussah, als würde das Baby sterben, wurde der Beatmungsschlauch ausgewechselt, worauf es dem Säugling sofort besser ging.

Ein anderes Mal hatten wir ein Frühchen, das mit seinen vier Pfund ein ganz ordentliches Gewicht hatte (auf unserer Station gibt es manchmal Säuglinge, die weniger als ein Pfund wiegen). Dieses Baby hatte eine Lungenkrankheit und benötigte Sauerstoff. Als dieser Zustand längere Zeit anhielt, begannen wir uns Sorgen zu machen, weil das für ein Baby in diesem Entwicklungsstadium nicht normal war.

Eines Tages hatte ich die Aufgabe, das Baby zu betreuen. In der folgenden Nacht träumte ich, daß es ein gebrochenes Herz hatte. Im Traum sagte ich zu ihm: »Du Dummerchen, deinen Lungen fehlt etwas, nicht deinem Herzen«, aber nach dem Aufwachen mußte ich dauernd an den Traum denken.

Im Krankenhaus kümmerte ich mich an diesem Tag um ein anderes Baby. Aber durch den Traum wurde mir bewußt, daß das Baby mit der Lungenkrankheit keine feste Bezugsperson hatte, zu der es eine Beziehung aufbauen konnte. Ich sprach mit einigen Kolleginnen darüber, und wir beschlossen, daß ab sofort immer dieselben Krankenschwestern das Baby betreuen würden, so daß es sich geliebt fühlte. Von dem Zeitpunkt an erholte es sich schnell, und die Krankenschwestern, die sich darum kümmerten, verliebten sich alle in diesen Säugling.

Antwort auf **Übung 11**: Die Frage, auf die Sie geantwortet haben, lautet: »Inwiefern werde ich mich verändern, wenn ich dieses Buch durcharbeite?«

Als das Baby nach Hause durfte, entschuldigte sich der Vater dafür, daß er es sich nicht leisten konnte, uns allen etwas zu schenken. Er erzählte uns, daß er während der Schwangerschaft seiner Frau einen Herzinfarkt gehabt hatte. Er war erst 34 und hatte kurz zuvor seinen Job als Lastwagenfahrer verloren. Das Ehepaar hatte bereits ein Kind und zog in dieser Situation eine Abtreibung in Erwägung. Schließlich entschlossen sich beide Partner aber dazu, irgendwie mit den finanziellen Schwierigkeiten fertigzuwerden und das Kind doch zu behalten.

Ich bekam eine Gänsehaut, als der Vater uns die Geschichte erzählte, zumal sie zu dem Traum von dem Baby mit dem gebrochenen Herzen paßte.

Warum Kinder so tun, als ob

Kinder haben keine Probleme damit, so zu tun, als ob, weil sie sehr wenig über die Welt um sich herum wissen. Sie nutzen das Spiel, um mit ihrem Wissen zu experimentieren. Es fällt ihnen nicht schwer, sich etwas auszudenken, und es macht ihnen Spaß, sich zu verstellen.

Mein dreijähriger Sohn ist sich ganz sicher, daß es zum Mannsein gehört, ein Schwert zu besitzen, böse Ganoven zu töten und in seiner Fantasieküche einen wundervollen Schmaus für seine Schlangensammlung zu kochen. Er wird Fay Wray (die Bezwingerin King Kongs), Däumelinchen, Barry (ein Mädchen aus der Nachbarschaft, mit einer riesigen Drachentätowierung auf dem Rücken) und natürlich mich heiraten. All diese Dinge sind für ihn sehr real, aber sie werden sich verändern, wenn er älter wird.

Aufgrund des gesellschaftlichen Drucks, logisch und vernünftig zu sein, verlieren die meisten Menschen die Fähigkeit, so zu tun, als ob. Schon kleine Kinder werden dazu angehalten, nichts zu erfinden. Außerdem wird unsere Fähigkeit, so zu tun, als ob und kreativ zu sein, zu einem großen Teil durch Videos, Fernsehen oder die Werbung ersetzt, die unserem Gehirn fast alles bieten, was es zur Unterhaltung braucht.

Das ist schade, denn man kann diese Fähigkeit auf sehr nützliche Weise einsetzen. Beim Fußball kann man sich zum Beispiel vorstellen, daß man den Ball ins Tor schießt, und beim Schach kann man so tun, als hätte man den Gegner bereits schachmatt gesetzt. So zu tun, als ob ist auch eine wertvolle Fähigkeit, wenn man etwas Neues lernt. Wenn man zum Beispiel eine Fremdsprache lernt, hilft es, so zu tun, als ob man Muttersprachler wäre.

Sogar die moderne Wissenschaft basiert auf dieser Methode. Physiker und Chemiker gehen von der Annahme aus, daß sich die Materie aus Atomen zusammensetzt. Mathematiker nehmen an, daß die Summe der Innenwinkel eines Dreiecks 180 Grad ergibt. Das Erstaunliche daran ist, daß die moderne Wissenschaft die Wirklichkeit tatsächlich besser verstehen und mit den Gegebenheiten arbeiten kann, wenn sie zunächst so tut, als wären bestimmte Voraussetzungen erfüllt.

Wir sollten uns darüber bewußt sein, daß die Technik, so zu tun, als ob, häufig die Vorstufe dessen ist, was wir am Ende glauben. In der Tat führt diese Methode oft dazu, daß wir etwas glauben, und noch bevor wir es selbst merken, müssen wir sie gar nicht mehr anwenden.

Intuitive Informationen ergeben oft keinen Sinn – wir müssen daher so tun, als ergäben sie Sinn

Solange wir darauf bestehen, daß die Dinge in der Welt immer einen Sinn ergeben, bleiben uns wertvolle intuitive Informationen vorenthalten. Unsere Gesellschaft legt Wert darauf, »realistisch« zu sein. Dadurch werden wir von einem großen Teil der Wirklichkeit abgeschnitten. So zu tun, als ob, und Dinge zu erfinden, sind wichtige Fähigkeiten, die Sie üben sollten, um zu lernen, Ihre Intuition kontrolliert zu nutzen.

Übung 12 wird Ihnen dabei helfen, mit einem Teil von sich selbst in Berührung zu kommen, den Sie vielleicht seit Ihrer Kindheit nicht mehr wahrgenommen haben. Wie immer brauchen Sie einen Stift, Ihr Intuitionstagebuch und einen Kassettenrecorder.

Vertrauen Sie sich

Das Reading, das Sie in dieser Übung geben, ist eine natürliche Fortsetzung von Übung 11. Die Anweisungen dafür folgen in Kürze. Zuvor aber noch ein paar Anmerkungen, damit Sie später beim Lesen nicht unterbrochen werden.

Lesen Sie sich die folgenden Punkte ein- bis zweimal durch und vergessen Sie sie dann wieder. Vertrauen Sie darauf, daß Ihr Unbewußtes das behalten wird, was Sie für diese Übung wissen müssen. Sie müssen sich die Liste auf keinen Fall merken, denn wir werden noch mehrfach darauf zurückkommen.

- **Wenn Sie ein Reading geben, sind Sie nicht in einer Prüfung – denken Sie also nicht darüber nach, ob Ihre Eindrücke »richtig« oder »falsch« sind.** Die meisten Menschen meinen, daß sie sofort »eine richtige Antwort« erhalten müssen. Vergessen Sie nicht, daß die Intuition Informationen für Sie bereitstellt, mit deren Hilfe Sie an eine Version oder in die Nähe »der Wahrheit« kommen können.
- **Vertrauen Sie Ihrer Intuition.** Versuchen Sie nicht, die Antwort »zu erraten«. Nehmen Sie einfach die Bilder, Symbole und alle anderen Eindrücke wahr, die durch eine Frage an Ihre Intuition ausgelöst werden.
- **Die Eindrücke, die Sie bekommen, müssen keinen Sinn ergeben.** Sie erscheinen vielleicht sogar widersprüchlich. Das ist ganz normal – vor allem wenn Sie auf eine Frage aus einem Bereich antworten, über den Sie nichts oder fast nichts wissen. Denken Sie daran, daß Sie vielleicht auf der Bewußtseinsebene nichts über das Thema wissen, wenn ein anderer Ihnen eine Frage stellt. Zudem erreichen viele Dinge Ihr Bewußtsein möglicherweise in der Sprache des Fragenden oder in Form von Symbolen, die für ihn eine Bedeutung haben. Achten Sie also darauf, sich die Informationen lediglich genau zu merken und nicht zu beurteilen.
- **Die Intuition ist ein natürlicher Sinn, Sie müssen sich also nicht extra bemühen, etwas wahrzunehmen.** Selbst wenn Sie es wollten, könnten Sie in diesem Moment Ihre intuitiven Wahrnehmungen nicht verhindern, genausowenig, wie Sie verhindern könnten, daß Sie Geräusche um sich herum hören. Berichten Sie einfach, was Sie als Antwort auf eine Frage empfangen.
- **Fehler zu machen hat einen Sinn!** Wenn Sie nicht bereit sind, Fehler zu machen, werden Sie den Punkt, an dem Sie

Ihre Intuition anzapfen können, nicht erreichen. Wenn Sie regelmäßig üben, werden Sie feststellen, daß Ihre Intuition keine Fehler macht. Das heißt aber nicht, daß Sie bei der Interpretation Ihrer intuitiven Informationen keine Fehler machen.

- **Merken Sie sich alles – sogar Eindrücke, die störend erscheinen.**
- **Wenn Sie das Gefühl haben, daß Sie keine intuitive Antwort bekommen, erfinden Sie etwas!** Das meine ich ernst. Sie werden erstaunt sein, wie treffsicher Ihre »Fantasie« sein kann.

Übung 12

Ein Apfel am Tag

Während Sie dies lesen, lassen Sie bitte in der Mitte der Buchseite einen Apfel erscheinen. Strengen Sie sich dabei nicht an. Sie müssen eigentlich nichts Besonderes »tun«. Lassen Sie einfach nur das Bild entstehen. Wenn ein anderes Bild auftaucht, tun Sie so, als sähen Sie einen Apfel. Genau, erfinden Sie einen!

Achten Sie darauf, ab welchem Zeitpunkt Sie den Apfel sehen können. Achten Sie auch darauf, wie er riecht und um wieviel schwerer das Buch durch ihn wird, das Sie in den Händen halten. Welche Farbe hat der Apfel und wie groß ist er?

Jetzt lassen Sie einen weiteren Apfel neben dem ersten erscheinen. Wie schon gesagt, wenn Sie Ihre Äpfel nicht sehen können, tun Sie so, als könnten Sie es. Erfinden Sie sie.

Welcher Apfel ist größer: der erste oder der zweite?

Wenn Sie sich darüber klar geworden sind, schlagen Sie Seite 114 auf, um die Frage zu erfahren, die Sie gerade beantwortet haben. Vergessen Sie nicht, alles in Ihr Intuitionstagebuch zu schreiben.

Die Antwort eines Kursteilnehmers

Lesen Sie hier nicht weiter, bevor Sie die Übung gemacht haben, da die folgende Antwort eines Kursteilnehmers die Frage verraten wird:

> Ich sehe einen kleinen gelben Apfel mit kleinen schwarzen Flekken. Die Flecken sind keine Mängel; irgendwie sind sie niedlich. Ich kann kein Aroma riechen, aber der Apfel fühlt sich in meiner Hand gut an. Er ist leicht, aber kostbar. Innerhalb kurzer Zeit schrumpft er etwas zusammen und erhält dann mit ein wenig Einbildungskraft wieder seine ursprüngliche Schönheit zurück.
>
> Mein zweiter Apfel ist rot, groß und saftig. Er duftet nach Apfelblüten. Er pulsiert förmlich, und ich bin daher ganz aufgeregt und glücklich.

Die Interpretation des Kursteilnehmers

Lesen Sie im folgenden, wie der Kursteilnehmer sein Reading interpretierte:

> Ich glaube nicht, daß meine Antwort groß gedeutet werden muß. Ich war überrascht, daß ich einen gelben Apfel gesehen habe, der

Antwort auf **Übung 12**: Die Frage, die Sie beantwortet haben, lautet: »Wird der Goldpreis morgen höher oder niedriger sein als heute?«

- Wenn Ihr zweiter Apfel größer war als Ihr erster, lautet die Antwort »höher«.
- Wenn Ihr zweiter Apfer kleiner war als Ihr erster, lautet die Antwort »niedriger«.
- Wenn Ihre Äpfel gleich groß waren, lautet die Antwort »keine Veränderung«.

Um zu sehen, ob Ihre Intuition recht hatte, überprüfen Sie den Goldpreis im Wirtschaftsteil der morgigen Ausgabe Ihrer Zeitung.

»leicht, aber kostbar« war! Ich würde sagen, daß der Goldpreis morgen steigt.

Der Kursteilnehmer hatte übrigens recht.

Die Geschichte unter der Überschrift »Intuition in Aktion« in Kapitel 5 (→ S. 57) veranschaulicht sehr deutlich, wie wirksam diese Methode ist, wenn man Entwicklungen auf dem Finanzmarkt vorhersehen möchte. Sie erinnern sich vielleicht auch noch an die Aussage des Investors George Soros, den ich in Kapitel 2 zitiert habe (→ S. 30).

Nützliche Hinweise

Ein Reading gibt Ihnen oft auf vielerlei Arten dieselbe Antwort. Der zweite Apfel des Kursteilnehmers war größer als der erste und er duftete, so daß sich ein Glücksgefühl einstellte. All diese Dinge deuteten darauf hin, daß die Frage mit »Ja« beantwortet werden konnte.

Viele Kursteilnehmer fragen mich, wozu man eine Metapher benötigt. Warum man nicht einfach ein Reading geben kann, das sich direkt auf den eigentlichen Gegenstand beziehungsweise auf die jeweilige Person bezieht. Die Antwort ist, daß uns unsere Gefühle im Weg sind, wenn uns etwas wichtig ist. Bei der Frage »Welcher Apfel ist größer, der erste oder der zweite?« ist zum Beispiel weniger Gefühl im Spiel als bei der Frage »Wird der Goldpreis morgen steigen oder fallen?« Der Apfel ist ein harmloser Ersatz, der es uns ermöglicht, viel leichter ein intuitives Reading zu geben.

Falls Sie noch immer skeptisch sind

Sie fragen sich vielleicht, warum diese Übung überhaupt funktionieren soll, wenn sich die Intuition vom Raten unterscheidet. Die Antwort liegt in Ihrem Unbewußten und seiner Aufgabe, Hinweise aus Ihrer Umgebung zu empfangen. Sie haben Ihrem Unbewußten bereits einen Wink gegeben, als Sie dieses Buch zum ersten Mal in die Hand nahmen. Wenn Sie an Ihre Intuition glauben, haben Sie Ihrem Unbewußten mittlerweile viele Hinweise gegeben, daß Sie sich zugestehen werden, Ihre intuitiven Fähigkeiten zu nutzen, und auf diese Weise bereits ein Reading vorbereitet.

Wenn Sie nicht an Ihre Intuition glauben, haben Sie zwei Möglichkeiten: Entweder Sie geben Ihr die Chance zu beweisen, daß sie funktioniert, oder Sie beweisen das Gegenteil.

Wenn Sie zur Gruppe der skeptischen Menschen gehören, war diese Übung für Sie wohl nicht so fruchtbar wie für diejenigen, die an ihre Intuition glauben. Geben Sie Ihrer Intuition bewußt eine Chance.

Ich kann mich an ein Seminar erinnern, das ich am Esalen Institut in Kalifornien gehalten habe. Eine Frau hatte sich dazu entschlossen, an dem Workshop teilzunehmen und überredete auch ihren Mann mitzumachen, obwohl er nicht an Intuition »glaubte« und auch kein Interesse daran hatte, mehr darüber zu erfahren.

Es war deshalb nicht überraschend, daß er sich schon am ersten Abend als sehr schwieriger Teilnehmer entpuppte (offenbar muß in jedem Kurs mindestens ein Skeptiker sein, um den Ablauf interessanter zu machen).

Wir machten eine Übung, in der die Gewinner eines Pferderennens vorhergesagt wurden. Dieser Kursteilnehmer schnitt sehr schlecht dabei ab. Das war für ihn der Beweis, daß Intuitionstraining nichts bringt. Er versuchte den anderen Teilnehmern, die die Übung gut gemacht hatten, den Kurs mit einem langen Vortrag über Wahrscheinlichkeitsrechnung und Zufälle madig zu machen.

Am darauffolgenden Tag machten wir eine Übung, bei der man das Leben eines Menschen detailliert beschreiben muß, ohne die entsprechende Person zu kennen. Der skeptische Kursteilnehmer widersetzte sich dabei ganz besonders, deshalb drängte ich ihn dazu, die Antworten einfach zu erfinden. Vielleicht, um sich zu amüsieren, machte er schließlich mit.

Sie werden sich vielleicht schon denken, was nun geschah. Der Mann beschrieb das Leben (des ihm unbekannten Menschen) so genau, daß er sogar die Automarke von dessen Vater und die Universität, die er besucht hatte, richtig bestimmen konnte.

Er kam das darauffolgende Mal nicht zum Seminar, und daher fragte ich seine Frau, warum er fehlte. Sie erzählte mir, daß er über die Genauigkeit seines Readings sehr erschrokken war. Er glaubte jetzt zwar an seine intuitiven Fähigkeiten, war aber der Ansicht, daß es nicht richtig war, auf diese Weise an Informationen zu kommen.

Ich bat seine Frau darum, ihm zu erklären, daß er ständig Informationen von seiner Intuition bekam und daß er sich dessen lediglich nicht bewußt war. Sie sollte ihm die rhetorische Frage stellen, ob es nicht besser wäre, sich der Informationen bewußt zu sein, aufgrund derer er Entscheidungen traf, um sie besser nutzen zu können?

Anscheinend fand er dieses Argument vernünftig und er kam zurück, um den Kurs abzuschließen. Ich denke, daß dieser Mann nicht nur seine intuitiven Fähigkeiten trainierte, sondern sich als Mensch insgesamt veränderte, indem er sich bewußt wurde, in welchem Maße er auf seine Umgebung und die Menschen um ihn herum reagierte.

Wenn Sie die Übungen in diesem Buch machen, setzen Sie Ihrem Unterbewußtsein deutliche Signale, daß Sie Ihre Intuition bewußt einsetzen werden. Dadurch werden sich Ihre Readings automatisch verbessern.

Selbst wenn Sie immer noch an Ihren intuitiven Fähigkeiten zweifeln, haben Sie in dieser Übung wahrscheinlich einige Informationen erhalten, die zutreffen. Gehen Sie diese Informationen noch einmal durch und prüfen Sie, ob sie zu der Frage passen. Während Sie das tun, merken Sie vielleicht, daß Sie mehr wissen, als Sie glauben.

Übung 13

Ein Quickie

Schauen Sie von diesem Buch auf und beschreiben Sie, welche Eindrücke Sie auf die folgenden Fragen erhalten:

- Was sehen Sie?
- Was hören Sie?
- Was schmecken Sie?
- Wie fühlen Sie sich?
- Was riechen Sie?
- Was geht Ihnen durch den Kopf?

Sammeln Sie Ihre Eindrücke – sie beantworten die Frage auf Seite 120. Schreiben Sie alles wie immer in Ihr Intuitionstagebuch.

Die Antwort eines Kursteilnehmers

Es folgt die Antwort eines Kursteilnehmers (auch er kannte zu diesem Zeitpunkt die Frage noch nicht):

> Der Computer, draußen ist es laut. Arbeitslärm. Ich glaube, er kommt aus einem Restaurant. Ich schmecke etwas Bitteres, mit einem guten Beigeschmack. Ich fühle Beklemmungen in meiner Brust, aber gleichzeitig ist mir die Umgebung angenehm. Ich rieche etwas Gutes, Kühles, es irritiert mich etwas. Ich hoffe, das ist nicht meine Frage, die sich auf die Liebe bezieht. Ich bin ein bißchen traurig. Ich denke an meine Mutter und an die Stadt, in der sie aufwuchs, wo ihre Eltern immer noch leben und ich als Kind meine Sommerferien verbrachte.

Lesen Sie, wie der Teilnehmer sein Reading deutete, als er die Frage erfuhr. Sie lautete: »Werden meine Freundin und ich heiraten?«

> Es gibt viele widersprüchliche Bilder. Wiegt das angenehme Gefühl die Irritation überhaupt auf? Der »Lärm« durch die Arbeit ist für uns beide eine Realität. Wir arbeiten so viel, daß wir füreinander kaum Zeit haben. Die Eltern meiner Mutter sind seit einem halben Jahrhundert verheiratet und immer noch verliebt. Das wünsche ich mir auch, genau wie das Gefühl der Familienzusammengehörigkeit, das ich in meiner Kindheit erlebte.
>
> Wenn ich jetzt mit Ja oder Nein antworten müßte, würde ich Nein sagen. Ich hätte es gerne, wenn die Antwort Ja wäre, deshalb denke ich, daß ich mehr Zeit mit meiner Freundin verbringen und mich mit den Irritationen auseinandersetzen muß, die in den letzten Monaten zugenommen haben. Es gibt »etwas Bitteres«, aber

es hat »einen guten Beigeschmack«. Die Antwort bedeutet vielleicht immer noch Nein, aber ich werde daran arbeiten.

Suchen Sie immer nach Möglichkeiten und Alternativen in Ihren Readings. Das Leben ist selten schwarzweiß.

Die Macht der Erfindungskraft

Es ist vielleicht leicht für uns Erwachsene, Behauptungen zu verwerfen, die jemand »nur erfindet«. Doch eine meiner Lieblingsgeschichten, die die Macht der Erfindungskraft illustriert, stammt von Jean-Paul Sartre. Der Erzähler, ein französischer Widerstandskämpfer im Zweiten Weltkrieg, beschreibt in einer Rückblende eine schreckliche Prüfung. Er war von den Deutschen gefangengenommen worden, die ihn eine Woche gefoltert hatten, damit er das Versteck seiner Kameraden verrate. Stoisch und patriotisch wie er war, ertrug er die unsäglichen Schmerzen stillschweigend.

Doch schließlich hatte er die Folterei ganz einfach satt. Also legte der Held aus Jux (wie der Ehemann in meinem Seminar) und weil er dachte, er könnte dadurch seine Hinrichtung beschleunigen, ein falsches Geständnis ab. »Sie sind im Keller der Kirche«, log er und amüsierte sich bei der Vorstellung, daß die Deutschen auf der Suche nach seinen Landsleuten umsonst eine leere Kirche stürmten.

Er war sehr überrascht, als sie einige Stunden später zurückkehrten, aber nicht, um ihn hinzurichten, sondern, um ihn freizulassen! Offensichtlich hatte er unfreiwillig das Versteck verraten, in dem sich seine Kameraden aufhielten.

Antwort zu **Übung 13:** Sie haben Ihre Frage 2 beantwortet.

Für Sartre veranschaulichte diese Geschichte zweifellos den kosmischen Humor sowie die existentielle Zwangslage der Menschen. Aber auf einer tieferen Ebene, die dem Autor vielleicht nicht bewußt war, dramatisiert diese Geschichte, daß wir unwissentlich Wahrheiten von uns geben, wenn wir »etwas erfinden«.

12
Sich auf die Intuition zu verlassen kann beunruhigend sein

Es erfordert Mut, die Intuition bewußt einzusetzen

Häufig geben Menschen anderen den Rat, »sich auf ihre Instinkte zu verlassen oder aus dem Bauch heraus zu entscheiden«. Aber wenn man mit der Intuition arbeiten will, muß man schon viel Vertrauen haben, weil man manchmal erst Monate oder Jahre später ein Feedback bekommt. Das Feedback erhält man vielleicht erst, wenn plötzlich jemand anruft und sagt: »Du hast damals recht gehabt!«

Unsere Intuition konkurriert ständig mit vorgefaßten Meinungen darüber, wie die Welt funktioniert, mit Vorurteilen zugunsten der »Logik« und unserem allzu großen Vertrauen auf den »gesunden Menschenverstand«.

Im folgenden finden Sie eine Liste von häufigen Aussprüchen, mit denen viele Menschen ihre intuitiv gewonnenen Erkenntnisse beiseite schieben:

- »Das ergibt keinen Sinn.«
- »Das ist unlogisch.«
- »Ich habe das nur erfunden.«
- »Man kann doch nicht wissen, was in der Zukunft geschehen wird.«
- »Das kann nicht stimmen.«
- »Das ist nicht realistisch.«
- »Das ist albern.«

Von wie vielen dieser Gedanken müssen Sie sich trennen?

Intuition in Aktion

Die Geschichte eines Kursteilnehmers

Kurz bevor ich wegen einer Hüftoperation ins Krankenhaus mußte, hatte ich eine Konferenz mit den Führungskräften meiner Firma. Bereits seit mehreren Jahren setzten wir Lauras Intuitionstechniken während unserer Konferenzen ein.

An diesem Tag hatten wir gerade unsere aktuellen Fragen formuliert und schrieben unsere Eindrücke dazu auf, als ich ein starkes Gefühl empfing, daß dies meine letzte Konferenz sein würde. Ich stützte meine Ellbogen auf den Tisch, legte meinen Kopf in meine Hände und hörte auf zu schreiben. Einige Kollegen bemerkten, daß es mir nicht gut ging, und hörten ebenfalls auf zu schreiben. Daraufhin teilten wir uns unsere intuitiven Eingebungen bezüglich meiner Operation gegenseitig mit.

Mein Geschäftspartner sagte mir, daß er das Gefühl hatte, daß mein Herz während der Operation aufhören würde zu schlagen. Er glaubte jedoch, daß seine Angst und nicht seine Intuition ihm diese Bilder »zuspielte«. Daher hatte er mir eigentlich gar nichts davon erzählen wollen. Am gleichen Abend rief ich Laura an. Sie hatte den Eindruck, daß mein Herz zuviel Wasser enthielt. Ich wollte meine Operation schon absagen, aber Laura schlug vor, meine Bedenken zunächst mit meinem Arzt zu besprechen (ihr üblicher Rat bei medizinischen Fragen). Mein Arzt und ich hielten es für das Beste, einen Monitor direkt in mein Herz einzusetzen, obwohl das ein schmerzhaftes Verfahren war, das im Wachzustand durchgeführt werden mußte.

Während der Operation hatte ich dann tatsächlich Herzprobleme, die sofort von diesem Monitor registriert wurden. Offensichtlich hatte man mir eine Flüssigkeit zu schnell verabreicht, was Druck auf mein Herz ausübte. Hätte der Monitor die Ärzte nicht so schnell auf das Problem aufmerksam gemacht, wäre es – wie mir der Arzt später erklärte – wahrscheinlich zu einem Herzstillstand gekommen, und ich hätte wiederbelebt werden müssen – eine Maßnahme, die nicht immer erfolgreich ist. Wahrscheinlich hätte ich nie so viel über die Ereignisse während der Operation erfahren, wenn der Arzt nicht ein guter Freund meiner Familie gewesen wäre.

Obwohl ich tolle Ärzte habe, denen ich auch vertraue, werde ich nie wieder eine Entscheidung treffen, ohne meine Intuition miteinzubeziehen, wenn es um mich selbst geht.

Lernen Sie, Bewertungen zurückzustellen

Ich habe Sie bereits mehrfach darauf hingewiesen, wie wichtig es ist, offen für intuitive Eindrücke zu sein. Sie fühlen sich vielleicht nicht wohl dabei oder kommen sich sogar albern vor, solche Eindrücke bewußt wahrzunehmen und zu artikulieren, wenn Ihnen Ihr logischer Verstand gleichzeitig sagt, daß Sie gar nichts über ein Thema sagen können, von dem Sie nichts wissen.

Vielleicht flüstert Ihnen eine innere Stimme zu: »Das ergibt keinen Sinn.« Ignorieren Sie diese Stimme nicht – registrieren Sie den Einwand und machen Sie dann weiter. Bleiben Sie für *alle* Eindrücke offen.

Es ist von Bedeutung, wenn Sie bemerken, wie Ihre Logik versucht, Ihre intuitiven Eindrücke zu zensieren. Allzu schnell bezeichnet der Verstand diese als »Störung«, als »Projektion« oder als »Einbildung«. Die Logik bewertet die Intuition auf diese Art und Weise, um sich selbst zu bestätigen, wenn sie gezwungen ist, ohne Informationen auszukommen.

Registrieren Sie für die folgende Übung alle Eindrücke:

- Wenn Ihnen der Buchstabe G nicht aus dem Kopf geht, weil er sich dauernd aufdrängt, während Sie auf »echte« Eindrücke warten, sagen Sie das bitte.
- Wenn Sie an nichts anderes denken können, weil das Auto auf der Straße nicht aufhört zu hupen, äußern Sie das.
- Wenn Sie in Ihrem linken Bein einen Krampf haben, während Sie sprechen, sagen Sie das.
- Wenn Sie keine Eindrücke »empfangen«, weil Sie immer an einen dringenden Termin in der Arbeit denken müssen, sprechen Sie das an.

Das sind alles wertvolle Eindrücke. Registrieren Sie alles, was Sie denken, fühlen, spüren oder woran Sie sich erinnern – wirklich *alles*!

Übung 14

Lernen Sie zu vertrauen

Auf Seite 128 unten befindet sich die Frage zu dieser Übung. Lesen Sie sie nicht, bevor Sie mit der Übung fertig sind. Tun Sie so, als ob Sie die Antwort kennen würden, während Sie all Ihre Sinne einsetzen, um sie zu bestätigen. Während Sie den Rest dieser Übung lesen, sollten Sie so tun, als ob Ihre Sinne die Antwort auf die Frage bereits suchen.

Sie müssen sich dafür nicht besonders bemühen. Denken Sie nicht einmal darüber nach. Während Sie diesen Text lesen, tun Sie einfach so, als ob Ihre Sinne die Informationen erhalten, die Sie für die Beantwortung der Frage benötigen.

Der Sinn dieser Übung ist nicht, die Frage oder die Antwort zu erraten. Im Moment sammeln Sie nur Fragmente, die zusammengenommen einen Sinn ergeben sollen und die Antwort beschreiben. Diese Fragmente müssen zunächst weder einen Sinn ergeben noch irgendeinem logischen Muster folgen. Schließlich wissen Sie ja nicht einmal, worüber Sie sprechen.

Oder etwa doch?

Tun Sie nun so, als könnten Sie die Frage mit all Ihren Sinnen wahrnehmen und als wäre alles, was Sie denken, woran Sie sich erinnern, was Sie riechen, sehen, fühlen, schmecken, hören oder sonst wahrnehmen, ein Teil der Informationen, die Ihnen bei der Beantwortung der Frage helfen.

Atmen Sie tief durch und achten Sie darauf, was Sie riechen, hören und sich vorstellen.

Welche Gefühle haben Sie in diesem Moment, und welche Erinnerungen rufen sie hervor?

Schreiben Sie alle diese Eindrücke auf oder verwenden Sie Ihren Kassettenrecorder.

Stellen Sie sich vor, daß Sie an einem anderen Ort sind. Wo sind Sie? Was tun Sie? Wen sehen Sie um sich herum? Was geschieht im Hintergrund?

Lassen Sie es zu, wenn Sie in diesem Moment irgend etwas anderes wahrnehmen. Ihre Sinne haben ein Eigenleben, nehmen Sie einfach wahr, was sie Ihnen zutragen. Sie schmecken vielleicht etwas, das Sie sehen, und vielleicht sehen Sie auch etwas, das Sie schmecken. Lassen Sie all Ihren Sinnen die Freiheit, aufeinander zu wirken und kreativ zu sein und achten Sie darauf, was Sie in diesem Moment empfinden.

Schlagen Sie nun Seite 128 auf, um die Frage zu lesen, für die Sie gerade Informationen gesammelt haben. Vergessen Sie nicht, alles in Ihrem Intuitionstagebuch festzuhalten.

Des Teufels Advokat

Ich habe versucht, alle Störungen zu registrieren, aber ich war während dieser Übung total blockiert und frustriert! Ich habe einfach keinen Zugang zu meiner Intuition gefunden.

Das stimmt nicht! Sie *nehmen nur an*, daß Sie blockiert waren. Es kann sehr gut sein, daß das Gefühl der Blockierung bereits die intuitive Antwort auf die Frage war! Wenn Sie immer noch eine »Störung« empfangen, integrieren Sie sie in den Ablauf. Nehmen wir mal an, Sie haben ständig die Melodie einer Werbung im Kopf, während Sie versuchen, eine Antwort auf eine bestimmte Frage zu bekommen. Machen Sie die Melodie zu einem Teil Ihrer Antwort. Wenn es sein muß, tun Sie so, als wäre das die Antwort.

Für Kursteilnehmer, die ihr Intuitionstraining gerade erst begonnen haben, ist das ganz normal. Vielleicht ist es für Sie unmöglich, der Gewohnheit zu widerstehen, intuitive Eindrücke sofort zu verwerfen oder als etwas zu sehen, das mit der Intuition selbst gar nichts zu tun hat – widerstehen Sie Ihrer Versuchung nicht! **Ordnen Sie Ihre Eindrücke ruhig einer der drei folgenden Kategorien zu:**

- »echte« intuitive Eindrücke
- »eingebildete« intuitive Eindrücke
- »Störungen«

Durch das Feedback – das Ihnen die Übungen in diesem Buch liefern – werden Sie bald herausfinden, welche Eindrücke »Treffer« waren und welche danebenlagen.

Welche Fortschritte werden Sie machen?

Bewußte Kontrolle über seine Intuition zu gewinnen, ist wie Fahrradfahren lernen – man braucht etwas Übung, um den Dreh herauszubekommen, aber dann ist es überhaupt nicht mehr schwer.

Ich sage das, weil einige Anfänger ungefähr zu diesem Zeitpunkt frustriert sind. Erwarten Sie nicht, daß jede Übung gut läuft. Sie sind dabei, ein Instrument zu stimmen – Ihre Intuition – und Sie sollten mit einigen falschen Tönen rechnen. Das gehört dazu.

Antwort auf **Übung 14:** Sie haben Ihre Frage 1 beantwortet.

13

Durch die Intuition weiß man etwas, ohne zu wissen, warum

Intuition – was ist das eigentlich?

Wir haben bereits viel über die Intuition gesagt, ohne genau zu definieren, was damit gemeint ist. Die meisten verwenden diesen Begriff sehr locker und drücken damit ganz verschiedene Dinge aus. So wird das Wort *intuitiv* zum Beispiel oft als Synonym für *prophetisch*, *unterbewußt* oder *instinktiv* benutzt – drei Begriffe, die sehr unterschiedliche Bedeutungen haben. In letzter Zeit verwendet man es häufig, wenn man sagen will, daß etwas »leicht zu verstehen« ist; so sprechen Ingenieure zum Beispiel von einer »intuitiven Benutzeroberfläche« eines Computers.

Intuition in Aktion

Eine Geschichte

Vor einigen Jahren brachte man ein fünfjähriges Mädchen zu mir, das ich heilen sollte. Sara hatte eine Gehirnentzündung und befand sich, seit sie als Zweijährige einen Anfall erlitten hatte, im Koma. Zudem litt sie seitdem an Katatonie. Als man sie zu mir brachte, war sie steif wie ein Brett und zeigte keinerlei Reaktion. Ihre Hände und ihr Kiefer waren so stark verkrampft, daß ich hoffte, sie würde von all dem nichts mitbekommen. Sie wurde durch einen Schlauch, der direkt in ihren Magen führte, künstlich ernährt. Das einzige, was dieses Kind ohne fremde Hilfe tun konnte, war zu atmen.

Saras Mutter legte sie auf die Couch, damit ich meine Hand auflegen konnte. Ich erinnere mich noch daran, daß ich dabei dachte: »Ich kann gar nichts für dieses Mädchen tun.« Ich war vom Anblick dieses Kindes und seiner aufopfernden Mutter so berührt, daß ich nicht wußte, ob es sich dabei um ein Gefühl oder um eine Intuition handelte.

Die Mutter brachte ihr Kind genau zu diesem Zeitpunkt zu mir, weil die Ärzte es in eine Anstalt einweisen wollten, da es ihrer Meinung nach sowieso nichts »wahrnehmen« konnte. Die Mutter wollte jedoch nichts unversucht lassen, bevor sie das zuließ.

Ich informierte Saras Mutter darüber, daß das Handauflegen häufig keine Wirkung hat und daß die Meinung der Ärzte und ihr eigener gesunder Menschenverstand die wichtigsten Kriterien für eine Entscheidung seien. Dann führte ich ohne große Hoffnung eine »Heilung« durch.

Währenddessen sah ich vor meinem inneren Auge ganz schreckliche Bilder eines blutigen Gesichts von einem Mann und dann das blutige Gesicht des Kindes – die zunächst abwechselten und dann ineinander übergingen. Ich versuchte das Gesicht des Mannes zu verscheuchen und das Gesicht des Kindes klarer zu sehen. Ich spürte, daß das Kind dem Mann folgen wollte, und bat es innerlich, bei mir und seiner Mutter zu bleiben. Während ich die Heilung durchführte, war ich zuversichtlich, daß Sara wieder gesund werden würde, aber als ich meine Augen öffnete und das teilnahmslose, spastische Kind vor mir sah, wußte ich, daß ich mich getäuscht hatte.

Die Mutter rief mich einige Tage später an und erzählte mir, daß

Sara damit begonnen hatte, sich die Lippen zu lecken. Das schien mir nur ein sehr kleiner Fortschritt zu sein, aber die Mutter war voller Hoffnung und wollte, daß ich mich weiter mit ihrer Tochter beschäftigte. Sie war davon überzeugt, daß sich Saras Zustand verbessern würde. Obwohl ich ihre unrealistische Hoffnung nicht zusätzlich nähren wollte, hatte ich das Gefühl, daß ein paar weitere Sitzungen ihr helfen würden, sich zu entscheiden, auf die Ärzte zu hören und das Kind in eine Anstalt einweisen zu lassen.

Ich arbeitete also weiterhin einmal wöchentlich mit Sara, und ihr Zustand verbesserte sich kontinuierlich. Es war unglaublich – nicht nur, weil ich gedacht hatte, daß die Situation hoffnungslos war, sondern auch, weil Sara bei ihrer Genesung alle Entwicklungsstufen eines Babys und Kleinkinds wie im Zeitraffer durchlief: Sie formte zunächst Laute, dann Wörter und schließlich ganze Sätze, begann zu rollen, dann zu sitzen und zu krabbeln und schließlich zu gehen.

Nach etwa sechs Monaten erkundigte ich mich bei der Mutter nach Saras Vater. Sie erzählte mir, daß er durch einen Kopfschuß gestorben war, als Sara eineinhalb Jahre alt war.

Ich sehe dieses Kind immer noch von Zeit zu Zeit. Es ist jetzt in der Schule, und es geht ihm gut. Ich frage mich, ob das kleine Mädchen gespürt hat, auf welche Weise ihr Vater umkam und das irgendwie am eigenen Körper wiederholt hat, oder ob es nur Zufall war, daß bei ihr derselbe Körperteil erkrankte, der bei ihrem Vater tödlich verletzt worden war. Jedenfalls bin ich wirklich dankbar, daß ich nicht meiner ersten »Intuition« gefolgt bin, die mir sagte, daß sie nicht gesund werden würde.

Intuition ist Ihr sechster Sinn

Sie benutzen Ihre fünf physischen Sinne – Tastsinn, Gesichtssinn, Geruchssinn, Gehörsinn und Geschmackssinn –, um Informationen über Ihre Umgebung zu sammeln. Während Sie dieses Buch in den Händen halten und lesen, sammeln Sie mit Ihren Sinnen Informationen. Sie spüren zum Beispiel das Gewicht des Buchs und hören das Geräusch, das die Seiten beim Umblättern machen. Ihre Augen empfangen das Licht, das von der Seite reflektiert wird. Das Licht durchdringt die Linsen und stimuliert die Retina, die wiederum mittels optischer Nerven Nachrichten an das Gehirn sendet.

Die Intuition nimmt dagegen Dinge wahr, ohne sich dabei auf die fünf Sinne zu verlassen. Intuition ist nichts weiter als ein Verfahren zur Informationsgewinnung, das sich nicht auf die Sinne, das Gedächtnis, Erfahrungen, Gefühle oder andere Denkprozesse stützt – obwohl es diese nutzt, um die Informationen zu *interpretieren*.

Die Definition von Intuition

Im folgenden lesen Sie eine prägnante Definition von Intuition:

Die Intuition ist ein nichtlinearer, nichtempirischer Prozeß, bei dem Informationen gesammelt und interpretiert werden, um Fragen zu beantworten.

Das ist eine ganze Menge, also untersuchen wir diese Definition Schritt für Schritt, um die Bedeutung genau zu erschließen.

Erstens: Die Intuition ist ein nichtlinearer Prozeß

Eine Herleitung – das ist eine Art formaler Beweisführung – geht von Prämissen und Informationen aus und zieht daraus Schlußfolgerungen, die Intuition dagegen geht nicht in »logischen« Schritten vor.

Die Intuition begründet nichts; das muß sie auch gar nicht, denn sie weiß einfach, was sie weiß. Sofort. Wo die Vernunft sich abmüht, hat die Intuition »Geistesblitze«. Sie erhält Bruchstücke der Realität, die sich ihr normalerweise in Form von Symbolen vermitteln. Diese Symbole müssen dann interpretiert und zu einem einheitlichen Bild zusammengesetzt werden.

Intuition in Aktion

Die Geschichte eines Kursteilnehmers

Ich dachte darüber nach, ein Unternehmen zu kaufen, das kurz vor dem Konkurs stand. Die Produkte interessierten mich zwar nicht, dafür aber die vorhandenen Maschinen, obwohl ich noch nicht genau wußte, wie ich sie einsetzen würde. Ich hatte Laura einige Jahre zuvor getroffen, als Gerüchte kursierten, daß die Firma, für die ich damals arbeitete, verkauft werden sollte. Sie sagte mir damals, daß die Firma tatsächlich verkauft werden würde und an wen. Sie sagte mir außerdem, wer entlassen und wer seinen Job behalten würde – und warum. Sie stellte ganz detailliert die Ziele des Käufers dar, warum er bestimmte taktische Entscheidungen treffen würde und wie man sich am besten darauf vorbereiten könne. Ich nutzte diese Informationen und behielt deshalb meinen Job, obwohl ich mich später (wie ebenfalls vorhergesagt) entschied, das Unternehmen zu verlassen.

Laura forderte mich auf, umfassende Notizen von unserer Sitzung zu machen, die ich während der folgenden Jahre gelegentlich durchlas. Sie sagte Ereignisse in der Firma und in meinem Leben vorher – Jahre, bevor etwas davon eintrat.

Das zweite Mal kam ich mit einer genauen Liste von Fragen zu Laura. Zusammen erstellten wir für das Unternehmen, das ich kaufen wollte, einen Plan. Die Firma wurde sehr erfolgreich. Laura sah Probleme bei einer Werbekampagne für ein Produkt vorher, das zu dem Zeitpunkt noch nicht einmal entwickelt worden war. Sie gab mir wertvolle Informationen für die Verbesserung eines Produkts, das noch nicht einmal geplant war! Mit ihrer Hilfe ermittelten wir auch Konkurrenten, die damals noch nicht auf dem Markt waren, und wir überlegten im voraus, wie wir gegen sie angehen würden.

Ich bin Atheist und glaube nicht an unheimliche Dinge, die des Nachts passieren, aber ich glaube an alles, was funktioniert. Ich übersprang die Phase des Zweifelns, obwohl das, was Laura vorhersah, unglaublich war. Dann sagte sie mir etwas, das schwerer zu glauben war als alles andere: Sie versicherte mir, daß ich Dinge ebenso vorhersagen könne wie sie – und zwar ebenso genau.

Ich bat sie, in meine Firma zu kommen und einen Kurs zu geben. Meine Angestellten waren nicht besonders aufgeschlossen, aber sogar die skeptischsten von ihnen mußten zugeben, daß die Ergebnisse verblüffend waren. Obwohl ich feststellte, daß intuitive Fähigkeiten unterschiedlich ausgeprägt sind, konnten alle meine Angestellten ihre Intuition bis zu einem bestimmten Grad nutzen. Einige erzielten sogar außergewöhnlich gute Ergebnisse. Es war auch hilfreich herauszufinden, wer besonders begabt war und wer sich mehr auf seinen Verstand verließ.

Seither machen wir bei der Arbeit regelmäßig ein intuitives »Brainstorming«. Intuitiv gewonnene Erkenntnisse ersetzen zwar nicht die »harten Fakten«, aber sie fügen neue Aspekte hinzu, denn sie liefern Informationen, die sich außerhalb der Reichweite traditioneller Methoden wie der Logik befinden.

Zweitens: Die Intuition sammelt Informationen mit Hilfe nichtempirischer Methoden

Empirisch bedeutet: »basierend auf Erfahrung und Experiment«. Wenn ich Sie frage, ob Sie morgen ins Büro gehen, wäre die empirische Herangehensweise folgende: Sie stellen fest, ob der nächste Tag ein Werktag ist; vorausgesetzt, daß Sie nicht plötzlich krank werden oder einen Notfall in der Familie haben, wäre in dem Fall anzunehmen, daß Sie im Büro sein werden. Die Intuition dagegen benötigt keine »Daten«, um eine Frage zu beantworten. Mit Ihrer Intuition können Sie sogar Fragen zu Themen beantworten, über die Sie nichts wissen.

Nach dieser Abgrenzung möchte ich anmerken, daß die Grenze zwischen intuitiven und empirischen Daten nicht immer klar ist. Ist die Wettervorhersage eines Indianers etwa weniger empirisch als die ewig falschen Wettervorhersagen des Fernsehens?

Wir sprechen hier von Informationen, die wir lediglich auf unterschiedliche Weise erhalten, je nachdem, wozu wir Zugang haben. Um zu beurteilen, ob es regnen wird, stützt sich der Indianer auf andere Kriterien als der Meteorologe; wieder andere Kriterien werden von einem Schiffskapitän oder einem Rheumatiker berücksichtigt. Als die Menschen noch in Stämmen zusammenlebten und die Sprache sich noch nicht entwickelt hatte, nutzten sie ihre Intuition in viel stärkerem Maße, um einen Zugang zu ihrer Umgebung zu bekommen.

Intuitive Informationen sind nichtempirisch, da sie nicht über die fünf Sinne empfangen werden. Wenn man allerdings einen intuitiven Eindruck erhält und ihn nutzt, um eine Schlußfolgerung daraus zu ziehen, wird er empirisch.

Wenn Sie intuitiv ein Bild eines zukünftigen Ereignisses empfangen, kann Ihr Verstand es genauso leicht nutzen wie ein greifbares Bild.

Drittens: Die Intuition interpretiert Informationen

Die Intuition sammelt nicht nur Informationen, sie interpretiert sie auch. In der Tat *müssen* intuitive Eindrücke interpretiert werden, um von Nutzen zu sein, genauso wie Träume interpretiert werden müssen. Die Informationen, die wir von unserer Intuition bekommen, sind vorwiegend symbolisch. Diese Symbolsprache finden wir bei allen inneren Dialogen (im Gegensatz zur Sprache, die wir verwenden, wenn wir uns der Welt verständlich machen).

Viele Menschen betrachten Kommunikationsformen, die Symbole oder symbolische Geschichten verwenden, als primitiv, unklar oder umständlich. Warum, fragen sie, kann sich die Intuition nicht »klarer« ausdrücken?

In Wirklichkeit sind Symbole eine besonders hochentwickelte Form der Kommunikation. Sie vermitteln viele Details auf viel effektivere Weise als eine Sprache, die mit Wörtern arbeitet. Ein Schriftsteller verwendet Allegorien und Symbole, um seinen Lesern auf verschiedenen Ebenen Details und Informationen mitzuteilen.

Intuition in Aktion

Die Geschichte einer Kursteilnehmerin

Ich kam zu Laura, nachdem mein Freund unter mysteriösen Umständen an einer Lungenentzündung gestorben war, die normalerweise in

Verbindung mit Aids auftritt. Ich war so schockiert über den Verlust, daß ich gar nicht auf die Idee kam, vor der Beerdigung einen Test machen zu lassen.

Die folgenden Monate lebte ich in Angst und bereitete mich schon innerlich darauf vor zu sterben. Ich ging keine neuen Beziehungen ein, plante keine längerfristigen Projekte und sprach mit niemandem über meine Ängste und den Tod meines Freundes. Als ich in Lauras Büro kam, war das erste, das sie zu mir sagte: »Sie sind völlig gesund. Warum also leben Sie so, als ob Sie bald sterben würden?«

Bis zu diesem Moment glaubte ich nicht an intuitive Fähigkeiten und hatte keine Ahnung, was ein Reading ist. Ich war sehr verblüfft über diese kleine sonderbare Person und die direkte Art, mit der sie eine treffsichere Behauptung über etwas aufstellte, das niemand wissen konnte. Also erzählte ich ihr die ganze Geschichte. Sie gab mir die Namen eines Therapeuten und eines Arztes und sagte: »Rufen Sie zuerst den Therapeuten an und erst dann den Arzt, weil Sie sich – egal, ob die Dinge sich positiv oder negativ entwickeln – darauf einstellen müssen.«

Ich hörte nicht auf ihren Rat und rief zuerst den Arzt an. Ich ließ einen Aids-Test machen, erfuhr, daß er negativ war, und verbrachte daraufhin die schlimmsten sechs Monate meines Lebens, da mir klar wurde, daß mein Leben ohne Mark weitergehen mußte. Ich bekam Depressionen, die ich nicht abschütteln konnte.

Fast ein Jahr lang meldete ich mich nicht bei Laura. Ich rief sie schließlich an, weil ich in meinen Notizen von unserer Sitzung einige unglaublich genaue Details über einen beruflichen Wechsel und ein Angebot, Geschäftspartnerin zu werden, entdeckt hatte. Zu der Zeit, als ich Laura das erste Mal traf, ergab das für mich keinen Sinn, aber jetzt ereignete sich alles genauso, wie sie es vorhergesehen hatte. Sie hatte mir sogar die Namen der Stadt und meines Geschäftspartners genannt. Ich konnte nicht verstehen, wie sie diese Dinge wissen konnte, und da meine Neugier größer war als meine Vorbehalte, rief ich sie an.

Ich arbeite seitdem bewußt mit meiner Intuition und nutze sie in allen Lebensbereichen. Ein intuitives Reading war nötig, um mir das klarzumachen, was meine Logik mir eigentlich hätte sagen sollen: nämlich daß ich einen Arzt aufsuchen mußte, um herauszufinden, was los war und daß kein Weg darum herumführte, mich damit auseinanderzusetzen.

Ich bin schließlich zu einem Therapeuten gegangen, um mit dem Überleben fertigzuwerden. Ich wünschte, ich hätte das schon früher getan. Ich frage mich, ob Laura wußte, daß ich HIV-negativ war, bevor sie mich zum Test schickte. Sie verrät es mir nicht und weigerte sich auch damals, etwas darüber zu sagen: »Sogar wenn ich es wüßte, was hätte es für einen Sinn, wenn Sie für zwei kleine Blutproben eine sichere Antwort haben können?« Sie sagte, daß sie weder den richtigen Beruf habe, um eine medizinische Diagnose zu erstellen, noch für die Behandlung der psychologischen Auswirkungen der Diagnose ausgebildet sei. Also schickte sie mich zu zwei hochqualifizierten Leuten, die diese Kriterien erfüllten.

Ich frage mich, wie mein Leben verlaufen wäre, wenn ich weiter im Schatten meiner Angst gelebt hätte, daß ich bald sterben würde.

Viertens: Die Intuition beantwortet Fragen

Sie haben wahrscheinlich beim Lesen der Definition bemerkt, daß die Intuition von einer Frage »in Bewegung gesetzt« werden muß. Die Frage schärft die Intuition und sagt Ihnen, was Sie in Ihrer Umgebung wahrnehmen müssen.

In jeder Sekunde haben Sie eine Million Fragen, die darauf warten, beantwortet zu werden, und eine Million Fragen, die gerade entstehen. Sogar das, woran wir glauben, ist eigentlich eine Frage in Ruhestellung. All unsere Sinne beantworten Fragen, die von unserer Umgebung und unserem »Körper« gestellt werden – das ist ihre Aufgabe. Der Verstand hat die Aufgabe, die Informationen zu interpretieren, die von den Sinnen bereitgestellt werden, und so unser Überleben zu garantieren. Die Aufgabe der Intuition ist es, die Informationen aus dem gleichen Grund zu interpretieren. Wenn Sie Ihre Intuition wiederbeleben und sie bewußt nutzen, werden Sie erkennen, wieviel Ihre Sinne wahrnehmen.

Die Intuition beantwortet Fragen, sogar solche, die wir noch nicht bewußt gestellt haben. Sie verschafft unserem Bewußtsein Zugang zu Informationen, die jenseits dessen liegen, was unser Verstand über die fünf Sinne wahrnehmen kann: Informationen über Menschen, die wir nicht kennen, über Orte, an denen wir noch nie waren oder die wir nicht sehen können, und über die Zukunft.

Ein paar ermutigende Worte

In diesem Kapitel haben wir definiert, was wir unter Intuition verstehen, aber lassen Sie sich durch Definitionen und Erklärungen nicht durcheinanderbringen – es handelt sich schließlich nur um einen einfachen menschlichen Prozeß. Vergessen Sie nicht, daß Sie bereits intuitive Fähigkeiten besitzen.

14
Intuition und andere »übersinnliche« Phänomene

Intuition ist nicht gleichzusetzen mit Telepathie

Sie werden besser verstehen, was Intuition ist, wenn Sie sie mit verwandten Phänomenen vergleichen, mit denen sie oft verwechselt wird.

Die Intuition wird oft fälschlicherweise als »übersinnliche« Fähigkeit bezeichnet und beispielsweise mit dem Gedankenlesen oder der Telepathie gleichgesetzt. Die Telepathie ist jedoch nur ein kleiner Teil Ihres intuitiven Selbst! Sie gehen normalerweise nicht zu einem Menschen mit besonderen intuitiven Fähigkeiten, um herauszufinden, was Sie denken (obwohl er Ihnen durchaus zeigen könnte, was Sie durcheinanderbringt).

Heutzutage gibt es auch viel New-Age-Gerede über sogenannte »Medien« und »Channelings«. Meiner Ansicht nach ist ein Medium ein Mensch, der mit »Geistern« spricht oder durch den »Geister« sprechen. Wenn Sie einen zentrierten

Zustand erreichen, in dem Sie offen dafür sind, Informationen zu erhalten, können Sie Ihre Wahrnehmungen beziehungsweise das, was Sie empfangen, für verschiedene Zwecke einsetzen: zum Beispiel für telepathische Sitzungen, um etwas vorauszusagen, um eine Heilung durchzuführen oder um als Medium zu fungieren.

Der Einsatz medialer Fähigkeiten ist in der Regel am nützlichsten, wenn jemand einen ihm nahestehenden Menschen verloren hat. Mit Hilfe des Mediums lassen sich häufig ungeklärte Fragen und Probleme als Teil des Heilungs- und Trauerprozesses klären. Das ist normalerweise der einzige Fall, in dem ich selbst als Medium wirke, es sei denn, ich habe eine starke Ahnung, daß ein »Geist« eine Information übermitteln will, die jemandem auf irgendeine Weise helfen wird.

Die meisten Menschen wollen immer wissen, wie etwas funktioniert, und glauben, daß jedes Ergebnis nachvollziehbar sein und eine »logische« Erklärung haben muß. Wie die Arbeit eines Mediums funktioniert, ist ein Rätsel. Ich glaube nicht, daß jemand wirklich weiß, ob es ein Geist ist, der spricht, eine Energie, die zurückgelassen wurde, oder ob das Medium mit Hilfe seiner intuitiven Fähigkeiten einen Zustand erreicht, in dem es Zugang zu Informationen über Dinge hat, die wir normalerweise nicht wahrnehmen, zumindest nicht bewußt. (Ich kann Ihnen aufgrund meiner Erfahrungen versichern, daß es tatsächlich Menschen mit medialen Fähigkeiten gibt.)

Träume werden nicht von der Intuition gesteuert

Viele Menschen schenken den Zeichen und Erkenntnissen, die ihnen in ihren Träumen vermittelt werden, große Beachtung. Immer mehr Menschen sagen: »Ich hatte einen Traum, darin ist dies und das passiert, und es bedeutet dieses und jenes für mich.« Die meisten bemerken dabei nicht, daß Träume mehrere Bedeutungsebenen haben.

Manche Menschen glauben wiederum, daß Träume die Zukunft voraussagen können. Das geschieht tatsächlich manchmal, und in solchen Fällen ist die Intuition am Werk. Im Traum verarbeitet die Psyche unbewußte Konflikte und Erlebnisse des Tages. In diesem »Raum« kann die Intuition von derselben Symbolsprache Gebrauch machen wie die Träume.

Informationen durch die Intuition zu empfangen, ist allerdings nicht dasselbe wie Informationen durch Träume zu erhalten. Ein wesentlicher Unterschied besteht darin, daß die Intuition objektiv und oft prophezeiend ist, während Träume immer subjektiv und beschreibend sind.

Träume enthalten vorwiegend Bilder und Symbole, deren »Bedeutungen« interpretiert werden müssen, damit man sie ganz versteht. Wir empfangen im Traum diese Informationen, interpretieren sie dann aber in unserem normalen Wachzustand.

Es gibt natürlich verschiedene Arten von Träumen. Sie enthalten eine Mischung aus den Ereignissen des Tages, Erinnerungen und Gefühlen. Man hat noch nicht genau erforscht, welche Funktion Träume für die Psyche haben, aber sie scheinen einer Überbelastung unseres Bewußtseins entgegenzuwirken, indem sie Spannungen abbauen und Informationen verarbeiten. Sie lenken unsere Aufmerksamkeit auf Dinge, die wir tagsüber zwar wahrgenommen, aber nicht bewußt bemerkt haben. Sie liefern unserem »Halbbewußtsein« die für unser psychologisches Wohlergehen nötigen Informationen.

Träume und Intuition – ein Vergleich

Träume und Intuition haben eine Reihe von aufschlußreichen Gemeinsamkeiten, aber es gibt auch Unterschiede.

Beide müssen interpretiert werden, damit man sie verstehen kann. Außerdem liefern beide Informationen, die im Wachzustand gedeutet werden müssen. Die logischen Filter, die in unserem normalen Wachzustand in Betrieb sind, hindern uns daran zu träumen, oder unsere intuitiven Fähigkeiten einzusetzen. Und schließlich arbeiten sowohl Träume als auch die Intuition mit Dingen, die uns bekannt sind, um Informationen auszudrücken. Wenn Sie kein Mathematiker oder Wissenschaftler sind, ist es sehr unwahrscheinlich, daß Sie im Traum Gleichungen aufstellen oder diese über Ihre Intuition ermitteln!

Allerdings stellen Träume Informationen im allgemeinen in Form einer Geschichte zur Verfügung, wogegen intuitive Informationen meist nur fragmentarisch sind. Außerdem sind Sie in Träumen meistens die Hauptperson. Wenn Sie intuitive Informationen empfangen, spielen Sie nur selten selbst eine Rolle.

15
Den intuitiven Zustand erreichen

Sie müssen kein Yogi oder Zenmönch werden

Die meisten stellen sich unter einem Menschen, der intuitive Readings gibt, einen Exzentriker vor, der sich in einem veränderten Bewußtseinszustand befindet, und würden ihn als »Mensch mit übersinnlichen Fähigkeiten« oder als »Medium« bezeichnen. Das ist zwar eine Vorstellung, die gut nach Hollywood passen würde, aber in Wirklichkeit ist die Intuition etwas ganz Normales, und wir können sie nutzen, während wir uns in einem alltäglichen Bewußtseinszustand befinden. Um die Intuition sinnvoll einzusetzen, bedarf es lediglich einer kleinen Verlagerung unserer Aufmerksamkeit.

Die Intuition ist nicht irgend etwas Vages, sondern sie ist für uns zugänglich, wenn wir uns in einer bestimmten physischen Verfassung befinden, in der wir offen für intuitive Informationen sind. Mit physischer Verfassung beziehe ich mich nicht auf Alpha- und Theta-Gehirnströme oder auf die rechte und linke Gehirnhälfte. Offen zu sein bedeutet auch nicht, daß man in einem mystischen Sinn »leer« wird. Wir sind sowohl im Traumzustand als auch im intuitiven Zustand aufmerksamer, weil unsere normalen kognitiven »Filter« weggenommen sind. Wie bereits besprochen, müssen wir aufwachen, damit wir etwas mit unseren Träumen anfangen können. Dasselbe gilt für die Intuition: Wir müssen »aufwachen« und unseren Verstand benutzen, um unsere Eindrücke zu deuten.

Der intuitive Zustand ist ein Wartezustand – man *erwartet* dabei nichts, sondern *wartet* einfach *ab*. Mit etwas Übung werden Sie leicht in einen intuitiven Zustand kommen.

Intuition in Aktion

Die Geschichte eines Kursteilnehmers

Die Dreharbeiten fingen schon schlecht an. Die Drehbuchautoren stritten sich von Anfang an mit dem Produzenten herum. Am Ende der ersten Woche hatten wir bereits einen neuen Regisseur. Statt des typischen kameradschaftlichen Umgangs am Set herrschte ständig Uneinigkeit. Da jeder etwas anderes essen wollte, die einen vegetarisch, die anderen nur Fleisch und Kartoffeln, wieder andere nur koscheres Essen, konnten wir nicht einmal zusammen in dasselbe Restaurant gehen. Ich hatte eine der Hauptrollen im Film, und ich hatte mir bereits viele Gedanken darüber gemacht, wie ich meine Rolle anlegen würde. Daher wollte ich, daß der Film ein Erfolg würde.

Am Ende der zweiten Drehwoche hatte ich gerade eine Szene mit dem männlichen Hauptdarsteller beendet, der genauso frustriert war wie ich. Im Gegensatz zu mir engagierte er sich jedoch aufgrund seiner Frustration nicht so stark für diesen Film. Ich stellte fest, daß auch die anderen Schauspieler und die Filmcrew bei weitem nicht ihr Bestes gaben.

Schließlich verlor ich die Geduld. Ich ging zu meinem Wohnwagen, schlug ein paar Türen heftig hinter mir zu, um meiner Wut Luft zu machen, und setzte mich hin, um mich wieder unter Kontrolle zu bekommen. Als ich so dasaß, drifteten meine Gedanken etwas ab. Plötzlich sah ich ein intensives Bild mit lachenden Männern, die Witze rissen und miteinander herumalberten, so wie Männer das eben manchmal tun, wenn sie unter sich sind und sich gut verstehen. Ich mußte automatisch lachen, denn mir war auf einmal klar, daß fast alle am Set Männer waren – und obendrein waren sie »echte Kerle«. Meine Intuition sagte mir in diesem Moment, daß die Lösung darin bestand, sie anzuspornen, sich wie »nette Kerle« zu verhalten anstatt wie Widerlinge.

Noch am gleichen Nachmittag fing ich an, Witze zu machen, und alle stiegen sofort darauf ein. Sogar die Männer, die vorher wenig mit der Gruppe zu tun haben wollten und mehr für sich geblieben waren, fielen nun in das allgemeine Gelächter mit ein. Ich glaube, auf gute Witze zu reagieren, ist so eine Art ungeschriebenes männliches Gesetz.

Der Film erinnert alle Mitwirkenden immer noch daran, wieviel während der Dreharbeiten gelacht wurde und an die tolle Kameradschaft in dieser Zeit. Wir alle leisteten letztendlich sehr gute Arbeit und setzten die ursprünglichen Spannungen kreativ um. Wenn ich jetzt Probleme lösen muß und mir die notwendigen Informationen dafür fehlen, setze ich mich hin (obwohl ich immer noch ab und zu Türen zuschlage), atme tief durch und warte auf die Antwort.

Was versteht man unter einem intuitiven Zustand?

Im alltäglichen »Normalzustand« filtert unsere Logik Gefühle, Emotionen und sogar Intuitionen heraus. Im sogenannten intuitiven Zustand dagegen steht die Intuition im Vordergrund und ist die Basis für alle anderen Sinne.

Wenn wir zum Beispiel sagen, daß jemand ein emotionaler Mensch ist, meinen wir damit, daß alles andere – der Einsatz der Vernunft, die Art, Entscheidungen zu fällen oder auf etwas zu reagieren, oder körperliche Empfindungen – durch die Emotionalität dieses Menschen ausgelöst wird oder darauf basiert. Menschen, deren Reaktionen auf Analysen und vernunftgesteuerten Abwägungen gründen, bezeichnen wir dagegen als rational.

Wie fühlen Sie sich in Ihrem intuitiven Zustand?

Vielleicht ist Ihnen bereits klar geworden, daß Sie Ihrem Unterbewußtsein jedesmal, wenn Sie eine Übung aus diesem Buch machen, eine Art Stichwort geben, das es benutzt, um in einen intuitiven Zustand zu gelangen. Genau wie Pawlow, der seine Hunde mittels Wiederholung trainierte, konditionieren Sie Ihr Unterbewußtsein, auf die Zeichen zu reagieren, die Sie ihm geben, wenn Sie mit Ihrer Intuition arbeiten wollen. Von all den Vorbereitungen, die Ihr Unterbewußtsein trifft, um einen Zugang zur Intuition zu bekommen, merken Sie allerdings nichts.

Nehmen Sie sich einen Moment Zeit und erforschen Sie,

wie Sie sich im intuitiven Zustand fühlen. Nehmen Sie Ihren Körper anders wahr als sonst? Fühlen Sie sich leichter oder schwerer? Ist Ihnen wärmer oder kälter?

Denken Sie schneller oder langsamer? Hören Sie andere Geräusche als sonst? Atmen Sie anders? Fühlen Sie sich anders als in Ihrem »Normalzustand«? Konzentrieren Sie sich auf andere Dinge? Sehen die Dinge anders aus? Ist Ihre Sehkraft stärker oder schwächer?

Das Bewußtsein über diese Veränderungen ist für den umgekehrten Fall wichtig, wenn Sie nämlich nach Beendigung eines Readings Übungen machen, die Sie »erden«, um wieder in einen »Normalzustand« zurückzukehren, oder besser, in Ihren natürlichen Bewußtseinszustand, in dem Sie sich am wohlsten fühlen. Aber sogar Ihr »natürlicher« kognitiver Zustand kann sich verändern, wenn Sie die Übungen in diesem Buch machen, genauso wie eine Therapie den normalen Bewußtseinszustand verändert. Nicht nur die Informationen, die Sie durch Ihre Readings erhalten, sondern auch das Üben intuitiver Empfänglichkeit an sich können Auswirkungen darauf haben, wer Sie sind.

Wie erkennen Sie, ob Sie gerade intuitiv sind?

Eine der häufigsten Fragen, die Kursteilnehmer mir über die Jahre hinweg gestellt haben, lautet: »Wie kann ich sicher sein, daß ich meine Intuition einsetze und nicht meine Ängste oder Hoffnungen projiziere?« Mit anderen Worten: »Wie kann ich wissen, wann eine Eingebung von der Intuition kommt (das heißt gültig ist) und wann ich nur etwas erfinde oder zufällig richtig errate?«

Meine Standardantwort darauf lautet: »Sie wissen es

nicht.« Ich meine es ganz ernst; genau das ist die Herausforderung, wenn man seine Intuition benutzt.

Aber natürlich können Sie im nachhinein erkennen, ob Sie Ihre Intuition eingesetzt haben, dann nämlich, wenn die Eindrücke, die Sie während eines Readings erhalten, durch bestimmte Ereignisse bestätigt werden.

Nehmen wir mal an, Sie haben das Gefühl, daß der Preis einer bestimmten Aktie im nächsten Monat steigen wird. Wenn das nicht geschieht, war Ihr »Gespür« ein Gefühl oder eine Annahme – oder eine Hoffnung! Wenn die Aktie steigt, ist es wahrscheinlich, daß Sie einen intuitiven Treffer gelandet haben. Natürlich kann es auch sein, daß Sie »gut geraten« haben. Über längere Zeit jedoch und nach einer Reihe solcher Vorhersagen tendieren Glück und Pech dazu, sich die Waage zu halten, und Sie werden lernen zu erkennen, wann Sie auf dem richtigen Weg sind.

Setzen Sie Ihre Intuition häufig ein. Jedesmal, wenn Sie bewußt mit ihr arbeiten, sollten Sie sich selbst ein Feedback geben, indem Sie die Eindrücke mit der »Realität« vergleichen. Innerhalb kurzer Zeit werden Sie zwischen echten intuitiven Eindrücken und Ihren Gefühlen und Projektionen, besonders Ihren Hoffnungen und Ängsten, unterscheiden lernen.

Im folgenden sind weitere Faktoren aufgelistet, die darauf hinweisen, daß Sie Ihre Intuition einsetzen:

- **Die Intuition (ebenso wie Ihre Emotionen) drückt sich im Gegensatz zur Vernunft vorwiegend durch Metaphern und Symbole aus.**
- **Die Intuition ist von ihren Wahrnehmungen losgelöst.** Etwas intuitiv zu ermitteln bedeutet, für alle Wahrnehmungen offen zu sein, ohne dabei etwas zu erwarten. Da-

bei treten keine Gefühle auf. Wenn Sie als Reaktion auf eine Frage in einem inneren Dialog beginnen, Emotionen wie Angst oder Wut zu entwickeln, ist das ein sicheres Zeichen dafür, daß Sie sich von der Intuition entfernen und in einen Vernunftzustand kommen. Und wenn Sie in einem inneren Dialog Wörter wie *sollte* verwenden, ist das ein weiteres untrügliches Zeichen.

- **Die Intuition nimmt die Welt als Ganzes wahr (wenn auch als fragmentarisches Ganzes) und nicht etwa in Bruchstücken, die analysiert werden müssen.** Intuitive Eindrücke haben selten eine »logische« Reihenfolge. Wenn Sie sich dabei ertappen, daß Sie denken: »Wenn das passiert, wird auch jenes wahrscheinlich geschehen«, dann setzen Sie gerade Ihre Logik ein und nicht Ihre Intuition.

Arbeiten Sie mit Anhaltspunkten, um intuitive Eindrücke zu bestätigen

Unser Wissen ist durch die Logik geprägt. Mit Hilfe von bestimmten Methoden oder Anhaltspunkten können wir überprüfen, ob unsere normalen Denkprozesse einen »Sinn ergeben«. Solche Anhaltspunkte sind zum Beispiel unsere Erfahrungen oder die Gesetze der Logik sowie die Tatsache, daß sich Prämissen erfüllen und Schlußfolgerungen bestätigt werden.

Sogar Träume haben einen gewissen Grad an Logik und innerer Schlüssigkeit. Mit der Intuition jedoch bewegt man sich sozusagen blind fort, da man keine internen oder externen »Überprüfungsmöglichkeiten« hat.

Sie können die Intuition allerdings bewußt kontrollieren, indem Sie nach Anhaltspunkten Ausschau halten. Wenn Sie zum Beispiel eine Eingebung haben, die die Heirat von zwei Menschen im nächsten Mai betrifft, könnten Sie Ihre Intuition fragen, wo die beiden im nächsten Sommer leben werden. Wenn Sie eine Eingebung von verschiedenen Orten bekommen, verdeutlicht dieser Anhaltspunkt möglicherweise, daß Ihre erste Eingebung von der Heirat falsch war.

Wir werden später noch einmal auf die »Anhaltspunkte« zurückkommen. Man kann allerdings auch mit dieser Methode nicht hundertprozentig sicher sein. Aber mit etwas Übung und ständigem Feedback werden Sie lernen zu erkennen, ob Sie einen intuitiven Zustand erreicht haben oder nicht.

Die Intuition und Ihr Unbewußtes

Obwohl das intuitive Selbst sich häufig der Sprache des Unbewußten bedient, um etwas zu beschreiben, sind das Unbewußte und der Ort, von dem wir intuitive Informationen empfangen, verschieden. So wie wir unsere komplizierte Gefühlswelt häufig mit Hilfe unserer – für diesen Bereich meist unzulänglichen – Sprache oder mit Mimik und Gestik beschreiben, müssen sich unsere intuitiven Wahrnehmungen ebenfalls einer Sprache bedienen, die unserem Bewußtsein zur Verfügung steht.

Sich öffnen

Jeder Mensch muß letztlich seinen eigenen Weg finden, um in einen intuitiven Zustand zu kommen. Es ist hilfreich, sich zunächst einmal zu entspannen, indem man eine bequeme

Sitzposition einnimmt und einige Male tief durchatmet. Viele meiner Kursteilnehmer stellen sich zudem vor, daß sich ihr Kopf oben öffnet, um intuitive Informationen zu empfangen. Mit etwas Übung werden auch Sie geeignete Bilder sowie eine Herangehensweise finden, die bei Ihnen gut funktionieren.

Intuition ist ein ausgefeiltes Verfahren

Die Intuition zu nutzen, bedeutet mehr, als nur »seinem Instinkt zu folgen« oder »aus dem Bauch heraus zu entscheiden«. Ein verbreitetes Mißverständnis ist, daß man beim Einsatz der Intuition nicht nachdenken muß. Sogar der Ausdruck »aus dem Bauch heraus entscheiden« impliziert, daß Intuition nichts mit dem Kopf zu tun hat.

Nicht logisch zu denken, bedeutet jedoch noch lange nicht, daß man seine Intuition nutzt. Während die Intuition im Einsatz ist, nimmt man alle Eindrücke bewußt auf, interpretiert sie und fügt sie schließlich unter Einbeziehung anderer mentaler Prozesse zu einem Ganzen zusammen.

Wie bereits wiederholt besprochen, haben Sie bereits intuitive Fähigkeiten. Sie wenden das ausgefeilte Verfahren daher ständig an, auch wenn Sie es noch nicht perfekt zu nutzen wissen. Das Ziel dieses Buchs ist es, Ihnen zu ermöglichen, eine bewußte Kontrolle über Ihre intuitiven Fähigkeiten zu erhalten.

Die Intuition läuft in zwei Schritten ab

Beim intuitiven Prozeß empfängt und interpretiert man also Informationen. Wenn Sie mit Ihrer Intuition arbeiten, ist es wichtig, diese beiden Schritte auseinanderzuhalten:

Beim ersten Schritt erhalten Sie intuitive Informationen als Antwort auf eine Frage. Diese präsentieren sich normalerweise in Form von Symbolen. Dieser Schritt ist nichtlinear.

Der zweite Schritt läuft zugleich linear und nichtlinear ab. In diesem Stadium interpretieren oder übersetzen Sie die Symbole und fügen sie dann zu einem plausiblen Ganzen zusammen. Dies ist insofern ein linearer Prozeß, als Sie Ihre Logik benutzen, um die Lücken zu füllen und dem Ganzen einen Sinn zu geben.

Während des Übersetzungsprozesses werden nützliche und verständliche Informationen erzeugt. Ich verwende das Wort *Übersetzung*, weil intuitive Daten oft in der Symbolsprache des Unbewußten übermittelt werden und man die Bedeutung oder den Sinn erst noch herausfinden muß.

Sie werden lernen, dieses logische Verfahren anzuwenden, um intuitive Informationen in eine verständliche Form zu bringen. Manchmal erhalten Sie direkt eine klare Antwort. In diesem Fall müssen Sie weitere Informationen einholen, um die Antwort zu überprüfen. Häufig empfangen Sie als Antwort aber zunächst eine Reihe von Sinneswahrnehmungen, die Sie erst noch entschlüsseln müssen. Wenn Sie einmal geübt sind, werden Sie keine Probleme damit haben. Anfangs jedoch machen gerade dort die meisten Menschen Fehler.

Eine kurze Zusammenfassung

Dieses Kapitel war vollgepackt mit Informationen, deshalb rekapitulieren wir das Ganze noch einmal kurz: Im intuitiven Zustand sammeln Sie Informationen, ohne sich auf Ihren Verstand oder auf intellektuelle Prozesse zu verlassen. Anstatt diesen intuitiven Informationen blind zu vertrauen, müssen Sie sie dann mit einem ausgeklügelten Verfahren zusammensetzen, überprüfen und interpretieren. In dieser Hinsicht läuft das Verfahren in zwei Schritten ab. Es ist nicht viel anders, als zuerst zu träumen und nach dem Aufwachen die Träume zu interpretieren.

16

Am Anfang war die Frage

Das Leben sucht ununterbrochen nach Antworten

Was Sie in der Welt um sich herum durch Ihren Intellekt, Ihr Gedächtnis und durch Ihre Intuition bemerken, ist eine Antwort auf Fragen. Mit allem, was Sie tun, beantworten Sie Fragen, die ganz alltäglich sein können wie zum Beispiel: »Was gibt es zum Abendessen?« oder solche, die wichtigere Angelegenheiten betreffen wie: »Wen soll ich heiraten?« oder: »Ist das der richtige Beruf für mich?« bis hin zu transzendenten Fragen wie beispielsweise: »Warum bin ich auf der Welt?« und: »Was für eine Bedeutung hat das alles?«

Das sind die Fragen, die dem Leben seine Dramatik verleihen. In erster Linie unterscheidet sich Ihr Leben von meinem durch die Fragen, die wir uns stellen. Es ist in der Tat sehr wichtig für unser Leben zu wissen, welche Fragen wir stellen sollten.

Die Intuition arbeitet zielgerichtet

Bedenken Sie, daß die Intuition immer auf eine Frage reagiert und Ihnen Informationen liefert – Bilder, Empfindungen, Eindrücke und Symbole. Um diese Informationen zu verstehen, müssen Sie sich im klaren darüber sein, daß Sie bewußt – oder unbewußt – Fragen stellen.

Das Tückische dabei ist, daß wir uns nicht all der Fragen bewußt sind, die wir stellen. Wir geben unserer Intuition aber häufig unbewußt widersprüchliche Signale (»Ich möchte eine Gehaltserhöhung, aber ich will die damit verbundene Verantwortung nicht übernehmen«; »Ich wünsche mir Liebe, aber gleichzeitig habe ich Angst, meinen Partner wieder zu verlieren«).

Dieses Buch zeigt Ihnen, wie Sie lernen können, Antworten auf solche Fragen wahrzunehmen, die Sie nicht bewußt stellen. Das Problematische an unserem Unbewußten ist natürlich, daß es tatsächlich *unbewußt* ist!

Die Intuition reagiert auf Fragen

Viele Menschen, die ihre intuitiven Fähigkeiten trainieren, fühlen sich blockiert, weil sie einen großen Druck empfinden, »richtige« Antworten zu finden. Nach jahrelangen Erfahrungen in der Schule sind wir alle darauf konditioniert, uns vor Fragen zu fürchten.

Es hilft, wenn Sie Ihre Aufgabe einfach darin sehen, von den Wahrnehmungen und Eindrücken zu berichten, die Sie *als Reaktion* auf eine Frage empfangen. Wenn ich Sie zum Beispiel fragen würde, ob es im nächsten Sommer im Mittleren Westen der USA eine Dürre geben wird, nehmen Sie vielleicht auf einmal Lichtblitze hinter Ihren Augenlidern wahr. Wenn Sie sich dann weiter darauf einlassen, sehen Sie vielleicht Blitze und dann Stürme sowie eine Badewanne, die übergelaufen ist, als Sie sechs Jahre alt waren, und Sie erinnern sich an all den Ärger, den Sie sich deshalb eingehandelt haben, der jedoch auch schnell wieder vorbei war.

Diese Eindrücke sind Ihre intuitiven Antworten auf die Frage. Wichtig bei einem Reading ist die Annahme, daß alle Ihre Gedanken, Empfindungen, Gefühle und Erinnerungen Ihnen die Informationen für Ihre Frage liefern. Lassen Sie nichts unberücksichtigt und gehen Sie über nichts einfach hinweg – wie irrelevant es Ihnen auch immer erscheinen mag.

Natürlich reicht es für ein Reading nicht, wenn Sie nur Ihre Eindrücke schildern, Sie müssen sie auch noch interpretieren. Für den Augenblick sollten Sie Ihre Aufgabe jedoch darin sehen, einfach davon zu berichten, was Sie wahrnehmen.

Die Intuition führt einen Dialog mit der Welt

Nach traditionellem westlichen Denken folgen den Fragen Antworten. Bei der Intuition ist es genau umgekehrt: die Fragen ergeben sich aus den Antworten. Eine Frage ruft einen oder mehrere Eindrücke hervor; diese lösen wiederum andere Bilder und andere Fragen aus, welche noch weitere Fragen entstehen lassen – sogar solche, an die Sie vorher gar nicht gedacht haben.

Wenn eine Freundin Sie zum Beispiel fragt, wann ihr

Partner ihr einen Heiratsantrag machen wird, empfangen Sie vielleicht das Bild eines Sees. Daraufhin tun sich andere Fragen auf: »In welcher Jahreszeit spielt diese Szene? Und zu welcher Tageszeit?«

Oft kann eine Frage, auf die Sie keine Antwort bekommen, erfolgreich von einer anderen Perspektive angegangen werden. Wenn Sie auf Ihre Frage keine Information über die Jahreszeit bekommen, stellen Sie einfach eine andere: »Welche Kleidung wird dieser Mann tragen, wenn er seiner Partnerin einen Antrag macht? Wird es vor dem vierten Juli passieren? Wird es nach Ostern geschehen?« Und so weiter.

Eine Eingebung löst die nächste aus

In gewissem Sinn läßt sich kaum eine Frage stellen, ohne andere Fragen aufzuwerfen. Eindrücke und Fragen folgen aufeinander. Das geschieht allerdings auf eine nichtlineare Art und Weise. Bei einer logischen Aneinanderreihung von Fragen und Eindrücken müßte man annehmen, daß der Verstand – und nicht die Intuition – am Werk war.

Vielleicht sehen Sie ein von der Intuition gesteuertes Bild von einer Küche, dann von einem Messer, und dann empfinden Sie Angst. Achten Sie auf den Unterschied zwischen dieser Reihenfolge und einer logischeren, die sich vielleicht vom Bild der Küche zum Kochen und Frühstücken bewegt hätte.

Die »kreative« Seite der Intuition

Es ist kein Zufall, daß Träume sich uns in Form von Geschichten präsentieren, deren inhärente Struktur wahrscheinlich auf besondere Weise in unserem Gehirn »verankert« ist. Wie ich jedoch bereits erwähnt habe, unterscheidet sich die Intuition durch ihre fragmentarischen Eindrücke von Träumen. Eine Eingebung scheint oft einer anderen zu folgen – scheinbar, ohne daß ein Zusammenhang besteht, und wir müssen ein bißchen nachbohren, um eine Geschichte zu weben, die einen »Sinn ergibt«.

Bei den vorigen Übungen haben Sie wahrscheinlich bemerkt, daß Ihre anfänglichen Wahrnehmungen weitere Wahrnehmungen nach sich zogen. Lernen Sie, ihnen zu »folgen«, ohne sie »herbeizuzwingen«.

Machen Sie sich keine Sorgen, wenn es so scheint, als würden Sie »etwas erfinden«, wenn Sie eine Geschichte entwickeln. Als Kinder werden wir dauernd ermahnt, »die Wahrheit zu sagen« und »nichts zu erfinden«. Aber wir müssen oft Dinge erfinden, um die Wahrheit auszudrücken. Wir werden das in Kürze noch genauer besprechen. Im Moment wird Ihnen die folgende Übung dabei helfen, mit einem natürlichen Teil Ihres kindlichen Selbst in Kontakt zu treten.

Übung 15

Lassen Sie Ihre Eindrücke eine Geschichte erzählen

Die Frage, die Sie in dieser Übung beantworten, steht auf Seite 162. Atmen Sie tief und ruhig und lassen Sie ein visuelles Bild entstehen. Falls Sie nichts sehen können, tun Sie so, als ob und schildern Sie, was Sie »sehen«.

Gestatten Sie dem Bild nun, eine Geschichte über sich selbst zu erzählen. Merken Sie sich die Geschichte und folgen Sie intuitiv ihrem Fluß.

Sie müssen sich dabei nicht anstrengen. Lassen Sie das Bild einige Minuten lang die Führung übernehmen, bis die Geschichte von selbst abbricht.

Wenn Sie fertig sind, stellen Sie sich die folgenden Fragen zu Ihrer Geschichte:

- Woran hat Sie das erste Bild erinnert?
- Wie sieht das letzte Bild oder die letzte Geschichte verglichen mit dem ersten Bild beziehungsweise der ersten Geschichte aus?
- Gab es viel »Bewegung« oder Veränderung vom ersten zum letzten Bild?
- Mit welchen Eigenschaften läßt sich diese Bewegung beschreiben?

Seien Sie nicht verwirrt, wenn Ihre Bilder sich aufgrund der Erlebnisse an einem bestimmten Tag oder je nach Ihrer Laune verändern. Ihr Unbewußtes wird das, was im Moment zur Verfügung steht, verwenden, um die richtigen Informationen weiterzuleiten.

Wenn Sie diese Übung beendet haben, blättern Sie zu Seite 162, um zu sehen, welche Frage sie beantwortet haben. Vergessen Sie nicht, alles in Ihr Intuitionstagebuch zu schreiben.

Ein paar Gedanken zu dieser Übung

Alles im Leben verändert sich, oder es wird so wahrgenommen, als ändere es sich. Was wissen Sie über die Richtung und die »Energie« Ihrer Frage, jetzt, da Sie diese Übung gemacht haben? Erinnert Sie Ihre »Geschichte« an andere Muster oder Situationen in Ihrem Leben?

Das Reading eines Kursteilnehmers

Das folgende Reading wurde von einem Kursteilnehmer gegeben, der sich vor einigen Jahren mit seinem Bruder überworfen hatte. Seine Frage für diese Übung lautete: »Werden mein Bruder und ich unsere Differenzen aus dem Weg räumen?«

> Ein furchtbares Gesicht mit unheimlichen weißen Haaren. Wenn ich jedoch genauer hinschaue, sehe ich, daß es das Gesicht von jemandem ist, den ich mag. Ich bin dankbar, daß ich es wiedergefunden habe. Ich kann mich dieser Person nicht anschließen, und diese Person kann sich mir nicht anschließen, aber wir können in Kontakt miteinander treten und eine Beziehung herstellen, beide von unserem jeweiligen Standpunkt aus.

Lesen Sie jetzt, wie der Kursteilnehmer sein Reading deutete, nachdem er die Frage gesehen hatte:

> Das erste Bild hat mich an den Horrorklassiker ›Die Nacht der lebenden Toten‹ erinnert. Im letzten Bild erkannte ich die positive und tiefe Verbindung, die ich zum ersten Bild hatte, und meinen Wunsch und meine Fähigkeit, mit ihm in einen Dialog zu kommen. Es gab viel innere Bewegung vom ersten zum letzten Bild, aber die äußere Bewegung war blockiert. Die Kommunikation barg das Versprechen des letzten sich vorwärts bewegenden Bildes, das etwas vom ersten Bild dazugewonnen hatte. Ich hatte auch das Gefühl, daß das letzte Bild zu dem ersten zurückgehen könnte, um sich Rat zu holen. Die Bewegung läßt sich durch die folgenden Eigenschaften beschreiben: Einsicht, die Fähigkeit, tiefer zu blicken und die Bedeutung der Dinge herauszufinden, die

Fähigkeit, in allem Schönheit zu entdecken, und die Fähigkeit, sich von einem Vorurteil zu lösen und zurückzukehren.

Ich würde sagen, daß mein Bruder und ich unsere Differenzen aus dem Weg räumen können, indem wir die Tatsache respektieren, daß wir unterschiedliche Standpunkte haben. Ich spüre, daß dieser Konflikt letztendlich gut für die weitere Entwicklung unserer Beziehung ist. Wir streiten uns immer noch über dieselben Dinge, über die wir uns schon als Kinder gestritten haben. Vielleicht müssen wir eine »erwachsenere« Bindung eingehen und sie durch unsere gemeinsamen Erfahrungen stärken. Wir sollten nicht die gleichen Kompromisse erwarten, die wir als Kinder machen konnten. Das furchtbare Gesicht zeigt mir, daß ich dazu neige, meinen Bruder schlecht zu machen, wenn wir gegensätzlicher Ansicht sind, und ihn positiv darzustellen, wenn wir uns einig sind. Ich schätze, daß ich nicht mehr der große Bruder bin, der seinem kleinen Bruder eine Einigung aufzwingen kann.

Ein nützlicher Tip

Die Informationen eines Readings können über die gestellte Frage weit hinausgehen. Suchen Sie nach verschiedenen Bedeutungsebenen, wenn Sie Ihre Antwort interpretieren.

Antwort auf **Übung 15**: Sie haben Ihre Frage 3 beantwortet.

17
Ihr erstes Solo-Reading

Volles Risiko eingehen

Zu lernen, die Intuition bewußt einzusetzen, läßt sich nicht damit vergleichen, Klavierspielen zu lernen, denn hier muß man viele Wochen üben, bevor eine einfache Melodie dabei herauskommt. Es gibt keinen besseren Weg, Ihre Intuition bewußt in Aktion zu erleben, als den Sprung ins kalte Wasser zu wagen und ein Reading zu geben.

Die ersten Übungen waren wie Radfahren mit Stützrädern, aber jetzt kommt ein richtiges Reading.

Vergessen Sie nicht, daß dieses Buch Ihnen die praktische Anwendung der Intuition beibringen will. Es ist jetzt an der Zeit, daß Sie sehen, wie es ist, die Intuition in Aktion zu erleben. Die folgende Übung mache ich auch in meinen Workshops. Sie bringt Sie dazu, eine intuitive Antwort auf Fragen zu geben, indem Sie die Verwendung empirischer Daten einschränken. In späteren Kapiteln werden Sie andere Methoden kennenlernen, um Zugang zu intuitiven Informationen zu bekommen – Methoden, die einem festgelegten Ablauf folgen. Aber selbst die Resultate dieser einfachen Einführungsübung werden Sie verblüffen.

Denken Sie daran, daß Sie Ihre intuitiven Fähigkeiten immerzu einsetzen. Sie müssen nur wieder mit Ihrer intuitiven Seite in Kontakt kommen. Vertrauen Sie mir: Sie werden sich mit Ihren intuitiven Fähigkeiten selbst verblüffen, schon in diesem frühen Stadium.

Ein Tag beim Pferderennen

Das erste Mal, als ich zu einer Rennbahn ging, nahm ich 20 Dollar zum Wetten mit. Ich hatte absolut keine Ahnung, wie man sich die Pferde aussucht, und hatte mich einfach einem erfahrenen »Experten« auf diesem Gebiet angeschlossen. Er kannte die Zeiten aller Pferde und wußte, wie sie unter bestimmten Bedingungen laufen würden. Er war überzeugt davon, daß er seine Auswahl aufgrund von harten Fakten traf, die er von den früheren Leistungen der Pferde ableitete.

Wir kamen genau richtig zum dritten Rennen. Wir stellten uns in der langen Schlange am Wettschalter an, und mein Freund begann, das Wettformular durchzulesen. Vor meinem geistigen Auge sah ich ein junges Mädchen über eine grüne Wiese laufen. Als mein Freund noch einmal schnell die »Fakten« durchging, sah ich, daß ein Pferd namens Kleefräulein am Rennen teilnahm, und setzte 10 Dollar darauf. Mein Freund, der erfahrene Pferderennenexperte, amüsierte sich über meine »subjektive« Methode und zog mich auf, weil ich die Hälfte meines Geldes so »kühn« verwettete.

Natürlich gewann Kleefräulein mit einigen Längen Vorsprung.

Seit diesem Tag habe ich eine »gewinnbringende« Beziehung zu Pferderennen. Obwohl ich bei weitem nicht immer recht habe, gewinne ich doch im allgemeinen eine ganz nette Summe mit meinem Einsatz.

Die folgende Übung wird Ihnen zeigen, daß auch Sie die Sieger von Pferderennen voraussagen können!

Eine Übung in vier Teilen

Ich begleite Sie durch diese Übung, die ich in vier Teile aufgeteilt habe, so daß wir sie besser besprechen können. Wenn Sie mehr Erfahrung mit Readings haben, werden diese Teile nahtlos ineinander übergehen. Machen Sie alle vier Teile dieser Übung ohne Pause, da dies Ihre Konzentration stören könnte.

Ihr Ziel ist, mir möglichst den Namen des Pferdes zu nennen, das ich als Gewinner des Rennens ausgesucht habe. Sie finden die Namen der neun Pferde dieses Rennens in der eigentlichen Übung auf Seite 169 und den Namen des Gewinners auf Seite 172.

Da Sie keine Hinweise oder Informationen jedweder Art bekommen, sind Sie gezwungen, sich ganz auf Ihre Intuition zu verlassen. Vertrauen Sie darauf, daß Ihr intuitiver Sinn Zugang zu allem hat, was Sie über den Namen des Pferdes wissen möchten.

Schummeln Sie nicht. Ich sage das, weil ich weiß, daß die Versuchung groß ist. Aber schielen Sie nicht auf die Antwort, bis Sie mit der Übung fertig sind.

Und das benötigen Sie

Wie immer brauchen Sie etwas zum Schreiben, Ihr Intuitionstagebuch und einen Kassettenrecorder. Nehmen Sie sich mindestens 15 Minuten Zeit für diese Übung. Es ist wichtig, daß Sie sich nicht irgendwie gehetzt fühlen. Legen Sie den Hörer neben das Telefon oder schalten Sie den Ton ab. Wenn Sie einen Anrufbeantworter haben, stellen Sie die Lautstärke leise, so daß Sie nicht von Anrufen abgelenkt werden.

Was Sie jetzt noch brauchen, ist die Bereitschaft mitzumachen, und zwar so, als würden Sie die Aufgabe längst beherrschen, und als hätten Sie das Ganze schon hundertmal geübt.

Übung 16

Zum Pferderennen gehen

Sie werden gleich eine Namensliste mit neun Vollblütern eines Rennens lesen. Der Sieger steht auf Seite 172.

Welches Pferd hat das Rennen gewonnen? Sie bekommen keine Hinweise, auf die Sie Ihre Antwort gründen können, außer denen, die Ihnen Ihre intuitiven Eingebungen bereitstellen.

Wie schon gesagt, es ist hilfreich, einen Kassettenrecorder zu verwenden, damit Sie Ihre Antworten während des Readings aufnehmen können. Wenn kein Recorder zur Verfügung steht, sollten Sie einen Freund oder eine Freundin bitten, möglichst gut mitzuschreiben, um mit Ihrem Tempo Schritt zu halten. Wenn beides nicht möglich ist, können Sie Ihre Antworten selbst schnell mitschreiben.

Schritt 1: Zentrieren Sie sich

Atmen Sie lange und tief ein und suggerieren Sie sich beim Ausatmen, daß alle Gedanken, Bilder, Gefühle, Geräusche und Empfindungen, die Sie in den nächsten Minuten wahrnehmen werden, Informationen über den Sieger des Rennens enthalten.

Achten Sie darauf, daß sich Ihre Frage auf den *Namen* des Pferdes bezieht, nicht auf das *Pferd* selbst. Wie bereits besprochen, ist die präzise Formulierung der Frage entscheidend. Wenn Sie nach dem Pferd fragen und nicht nach seinem Namen, empfangen Sie vielleicht intuitive Eingebungen, die seine Mähne oder seinen Laufstil beschreiben!

Schritt 2: Schildern Sie Ihre ersten Eindrücke

Atmen Sie wieder tief und ruhig; seien Sie ganz entspannt. Beginnen Sie zu sprechen. Nehmen Sie das Gesprochene entweder auf oder lassen Sie einen Freund oder eine Freundin alle Gedanken, Gefühle, Erinnerungen, Bilder oder anderen Eindrücke aufzeichnen, die der Name des Gewinners hervorruft. Schildern Sie alles, auch Dinge, die Sie als mentale Störungen empfinden.

Atmen Sie noch einmal tief durch und lassen Sie sich von Ihrem Unbewußten Symbole, Buchstaben, Namen, Gefühle oder Erläuterungen zu dem Namen des Pferdes geben, das dieses Rennen gewinnen wird.

Es gibt keine richtigen oder falschen Antworten. Lassen Sie zu, daß Sie den Namen des Pferdes, das ich als Gewinner ausgesucht habe, ohne Anstrengung empfangen. Wenn Sie sich »blockiert« fühlen, atmen Sie tief durch und machen Sie weiter.

Sie können so lange sprechen, wie Sie wollen. Meine Kursteilnehmer sprechen im Durchschnitt 30 Sekunden, einige mehr, einige weniger. Irgendwann werden die Eingebungen allmählich schwächer, so daß eine natürliche Pause entsteht; wenn es soweit ist, können Sie aufhören.

Analysieren oder interpretieren Sie Ihre Eindrücke jetzt noch nicht. Wenn Sie zum Beispiel ein Bild von der Sonne empfangen, sagen Sie nicht: »Ich sehe die Sonne. Das muß bedeuten, daß sie an einem warmen Ort sind ...« Sie werden die Eindrücke erst beim nächsten Schritt interpretieren.

Lassen Sie sich von Ihren Eingebungen den Namen des Siegers sagen. Erwarten oder erzwingen Sie jedoch nicht, daß Ihre Eindrücke alle direkt etwas mit Pferden oder Namen zu tun haben. Es ist gut möglich, ein sehr genaues intuitives Reading zu geben, ohne Bilder von Pferden zu empfangen.

Wenn Sie von Ihren intuitiven Eingebungen berichten, ist das in etwa so, als würden Sie »Scharade« spielen. Wenn Sie dieses klassische Spiel noch nicht kennen sollten, das Ziel dabei ist, dem Partner Hinweise auf etwas zu geben – zum Beispiel auf den Namen eines Films, Buchs oder einer berühmten Person –, ohne irgendwelche Namen zu nennen. Alle Hinweise müssen indirekt sein und gespielt werden. Auch Sie suchen bei dieser Übung nicht nach wörtlichen Details, sondern nach Hinweisen auf den Sieger, den ich ausgesucht habe.

Schritt 3: Sehen Sie Ihre Eingebungen in bezug auf bestimmte Themen durch

Wenn Sie mit der Schilderung Ihrer ersten Eingebungen fertig sind, sollten Sie sich das Ganze auf der Kassette noch einmal anhören. Oder Sie lesen durch, was Ihr Freund oder Ihre Freundin für Sie aufgeschrieben hat. Fallen Ihnen irgendwelche Themen auf? Gibt es irgendwelche vorherrschenden Buchstaben? Bekommen Sie einen Hinweis auf Farben? Gibt es beschreibende Worte irgendeiner Art?

Berichten Sie von Ihren anfänglichen Eingebungen.

Schritt 4: Sehen Sie sich Ihre Auswahlmöglichkeiten an

Jetzt, da Sie von Ihren anfänglichen Eingebungen berichtet haben, sollten Sie sich die Namen der Pferde ansehen:

1. Rosenrot
2. Krieger
3. Grollender Donner
4. Schneewittchen
5. Traum
6. Indianerpfad
7. Tanzender Dan
8. Glöckchen
9. Kleine Nixe

Ist ein Name dabei, der etwas mit Ihren Hinweisen zu tun hat? Bei welchem Namen haben Sie am ehesten das Gefühl, daß er zu dem paßt, was Sie geschildert haben?

Erwarten Sie nicht, daß Ihre Hinweise alle genau zusammenpassen. Viele Kursteilnehmer wählen den Namen des Gewinners, obwohl Ihre Hinweise nichts mit dem Pferd zu tun zu haben scheinen, für das Sie sich entscheiden.

Schreiben Sie Ihre erste Wahl auf. Vergessen Sie nicht, alles in Ihr Intuitionstagebuch zu schreiben.

Das ist schon alles, was zu tun war

Sie haben gerade Ihr erstes selbständiges Reading gegeben. Im nächsten Kapitel werden wir Ihre intuitiven Eingebungen nochmals überarbeiten. Wenn Sie es vor lauter Spannung nun nicht mehr aushalten, blättern Sie jetzt auf Seite 172, um zu sehen, ob Sie das Pferd identifizieren konnten, das ich ausgesucht habe. Wie in einem richtigen Rennen habe ich auch Pferdenamen für die Plätze zwei und drei ausgesucht. Vergleichen Sie Ihre Ergebnisse mit allen drei Möglichkeiten. Selbst wenn Ihr Pferd den dritten Platz belegt, schneiden Sie sehr gut ab.

18

Überarbeiten Sie Ihr erstes Solo-Reading

Gewonnen hat mit einer Nasenlänge Vorsprung ...

Wenn Sie es nicht schon getan haben, dann lesen Sie jetzt die Antwort auf der nächsten Seite. Vergleichen Sie Ihre intuitiven Eingebungen mit den Namen der ersten drei Gewinner. Fast alle, die diese Übung machen, sind verblüfft, wie genau ihre Antworten waren, obwohl sie nichts über die Teilnehmer des Rennens wußten. Den meisten macht diese Übung Spaß und gleichzeitig sind viele überrascht, auf welche Weise ihre Ansichten, ihre Vorlieben und die Psychologie hinter all dem durch ein Reading aufgedeckt werden. Ich bin sicher, Ihnen wird es genauso gehen.

Kein Reading ist perfekt

Lassen Sie sich nicht entmutigen, wenn Ihre Antworten völlig danebenliegen, denn Sie beginnen ja gerade erst, mit Ihrer

Intuition zu arbeiten. Dies war Ihr erstes Reading, und es bedarf einiger Übung, um den Dreh herauszubekommen.

Haben Sie einen Unterschied zwischen Ihren »Treffern« und »Fehlschlägen« bemerkt? Waren Ihre »echten« intuitiven Eingebungen irgendwie genauer als Ihre »eingebildeten«? Die meisten Menschen sind überrascht, wenn sie feststellen, daß die meisten ihrer Eingebungen ins Schwarze treffen, sogar solche, bei denen sie dachten, sie hätten sie »nur erfunden«.

Ich wette sogar, daß Sie mit Ihren Antworten näher am Ziel waren, als Sie selbst denken. Da mir Ihr Reading nicht vorliegt, möchte ich Ihnen das anhand von zwei anderen Readings demonstrieren. Ich stelle sie hier parallel zueinander vor, um die Gemeinsamkeiten und Unterschiede darzustellen. (Ich habe meine Eingebungen aufgenommen, bevor ich die Namen ansah, die ich ausgesucht hatte.)

Die Eingebungen einer Kursteilnehmerin

Es hat eine cremig-braune Farbe. Der Name hat etwas mit den Elementen zu tun und mit einer Farbe – so wie blaue Luft. Ich sehe auch Wasser und einen Sonnenuntergang. Die cremige, verwaschene Farbe ist sehr intensiv.

Meine Eingebungen

Das erste, was ich empfange, ist ein Eindruck von tiefem Blau. Ich sehe Glöckchen an einem Seil. Und ein M – wie mächtig. Etwas, das mit zwei zu tun hat. Nicht die Zahl zwei, aber Spiegelbilder. Und eine Feder.

Interessanterweise wählten wir beide die Farbe Blau, obwohl das scheinbar nichts mit dem Pferd zu tun hat, das ge-

Antwort auf **Übung 16:** Die Pferde gingen in der folgenden Reihenfolge ins Ziel: Indianerpfad, Tanzender Dan, Kleine Nixe.

wann. Wie schon gesagt, intuitive Informationen ergeben nicht immer einen Sinn.

Es ist mir nicht peinlich zuzugeben, daß die Kursteilnehmerin das richtige Pferd aussuchte, während ich mich für Grollender Donner entschied. Sie wählte Indianerpfad aufgrund der cremig-braunen Farbe aus, die sie mit Indianern assoziierte.

Wenn ich meine Antworten durchsehe, sieht es so aus, als hätte ich Hinweise auf verschiedene Pferde aufgeschnappt. Das »tiefe Blau« könnte ein Hinweis auf Kleine Nixe sein. »Glöckchen an einem Seil« scheint auf Glöckchen zu verweisen. Das »M für mächtig« deutet möglicherweise auf Krieger hin. »Spiegelbilder« beziehen sich vielleicht auf Tanzender Dan. Hätte ich mich mehr auf die Feder konzentriert, hätte ich vielleicht Indianerpfad ausgesucht. Offen gestanden kann ich nicht genau sagen, warum ich aufgrund meiner Hinweise Grollender Donner gewählt habe.

Prüfen Sie Ihr Reading

Sie sind gerade dabei, ein Gefühl für Ihren intuitiven Stil zu entwickeln. Betrachten Sie daher noch einmal bewußt, welche Informationen Sie bisher erhalten haben. Waren es vorwiegend Buchstaben oder ganze Wörter? Welche Wahrnehmung war am intensivsten?

Wie haben Sie Ihre Eindrücke interpretiert (in meinem Fall war es zum Beispiel eine Fehlinterpretation)? Wahrscheinlich war ich etwas verwirrt, weil ich Eindrücke von mehreren Pferden erhalten habe. Wahrscheinlich hätte ich mich darauf konzentrieren und einige klärende Fragen stellen sollen, die mir wertvolle Hinweise hätten liefern können.

Wie Sie sich vielleicht erinnern, haben wir das in Kapitel 15 besprochen.

Übrigens, bevor Sie zur Rennbahn stürmen

Wetten Sie erst dann mit dieser Methode auf Pferde, wenn Sie ein gewisses Können entwickelt haben. Der Wetteinsatz ruft viele unbewußte Gefühle hervor (die Angst zu versagen, Angst vor dem Erfolg, Gier), die den freien Fluß der intuitiven Informationen behindern könnten.

Diese Übung macht Spaß – und vielleicht bringt sie Ihnen auch noch etwas Geld ein. Jedenfalls können Sie auf diese Weise üben, wie Sie Ihre Intuition kontrolliert für ein konkretes Ereignis einsetzen. Sie bekommen auch sofort ein Feedback, was die Genauigkeit Ihrer Wahrnehmungen und Interpretationen betrifft.

Wenn Sie nun mit Ihrer Tageszeitung üben wollen, müssen Sie sich auf eine Sache konzentrieren. Wählen Sie zunächst die Rennbahn aus, mit der Sie arbeiten wollen, und danach suchen Sie dann ein Rennen aus.

19

Die Intuition kann Ihnen über alles, was Sie wissen wollen, etwas sagen

Intuitive Informationen sind objektiv

Vielleicht wird die Intuition normalerweise als »subjektiv« abgetan, weil sie in einer Symbolsprache zu uns spricht, nur Fragmente der Wirklichkeit wiedergibt und nichtlinear vorgeht. Aber jemand, der seine intuitiven Fähigkeiten einsetzt, ist ebenso erpicht auf ein Feedback sowie darauf, daß sich seine Eindrücke bestätigen, wie der Wissenschaftler, der eine »wissenschaftliche Methode« anwendet.

Sogar Einstein, sicher einer der herausragenden Köpfe der neueren Zeit, räumte ein, daß eine wissenschaftliche Wahrheit zunächst mit Hilfe der Intuition entdeckt und erst später durch die Logik bestätigt wird. Wie findet der einzelne, der mit unendlich vielen Daten konfrontiert wird, die vielversprechendste Methode heraus, um an sein Ziel zu kommen? Zunächst weist die Intuition dem Wissenschaftler den richtigen Weg, wenn er dabei ist, eine Hypothese aufzustellen. Sie führt den Detektiv, der nach Hinweisen sucht, auf eine heiße Spur und hilft dem Arzt dabei, eine Diagnose zu erstellen.

Intuition in Aktion

Die Geschichte einer Kursteilnehmerin

Ich habe vor zehn Jahren damit begonnen, meine Intuition zu trainieren. Damals war ich eine junge Frau und mit einem sehr erfolgreichen älteren Mann verheiratet, der ein kleines Immobiliengeschäft besaß. Ich wollte noch keine Kinder, hatte eine Haushaltshilfe und keine Lust mehr, immer nur einkaufen zu gehen. Ich langweilte mich mehr und mehr und wurde immer depressiver. Dann begann ich, ehrenamtlich für einen wohltätigen Zweck zu arbeiten, und nahm an einem Intuitionskurs teil, der einmal im Monat stattfand.

Beim ersten Mal gaben wir »allgemeine« Readings, bei denen wir alle einen Gegenstand einer anderen Person bekamen und eine Geschichte über das Leben dieser Person »erfanden«.

Der Kursteilnehmer mit meinem Gegenstand erzählte eine Version der bekannten Geschichte vom Prinzen und vom Bettelknaben, in der die beiden Jungen, die aus ganz unterschiedlichen sozialen Verhältnissen stammen, Rollen tauschen, da sie sich sehr ähnlich sehen. Obwohl beide glauben, der andere habe das bessere Leben, vermissen sie bald ihre gewohnte Umgebung.

Der Kursteilnehmer ersetzte in seiner Geschichte die zwei Jungen durch Mädchen und erzählte, daß das arme Mädchen immer eine wichtige Rolle für seine Familie gespielt hatte, da es die Fähigkeit besaß, diese durch schwierige Zeiten zu bringen. Im Moment hatte sie das Gefühl, daß sie zu keiner Familie mehr gehörte, weil sie ihren Eltern Geld geben konnte, die damit ihre Probleme selbst lösten, und weil das »Königreich« ihres Gatten auch ohne sie perfekt funktionierte.

Wir hatten alle Codenamen bekommen, die an unseren Gegenständen befestigt waren, so daß niemand außer der betreffenden Person selbst wußte, über wen gerade ein Reading gegeben wurde. Ich war im nachhinein dankbar, daß es so war, nachdem ich dieses »Versteckspielen« anfangs noch albern gefunden hatte. Ich fühlte mich durch das Reading, das mich betraf, ziemlich bloßgestellt.

Als ich nach Hause ging, fühlte ich mich furchtbar einsam. Ich konnte mich nicht einmal mehr an das Reading erinnern, das ich für einen anderen Kursteilnehmer gegeben hatte.

Ich besuchte den Kurs weiterhin und fing langsam an, mich darauf zu freuen, da ich immer mehr Vertrauen in meine intuitiven Fähigkeiten gewann und von anderen Kursteilnehmern gebeten wurde, Readings zu geben. Manchmal, wenn mein Mann über seine Geschäfte sprach, erzählte ich ihm, welche Eingebungen ich diesbezüglich empfing. Und weil er so froh darüber war, daß ich etwas gefunden hatte, womit ich mich gerne beschäftigte, hörte er mir zu.

Mit der Zeit erkannten wir, daß meine Eingebungen wertvolle Informationen lieferten. Zunehmend wandte mein Mann sich nun mit seinen Geschäftsproblemen an mich. Während der folgenden Jahre bezogen wir meine intuitiven Wahrnehmungen bei allen wichtigen Entscheidungen, die unsere Firma betrafen, mit ein. Jedem neuen Mitarbeiter bringe ich nun bei, wie er seine Intuition in seinen Entscheidungsprozeß integrieren kann.

Intuitive Informationen sind *immer* richtig

Viele Menschen glauben, daß sie mit Hilfe ihrer Intuition immer richtige Informationen erhalten. Das ist allerdings ein Trugschluß, denn man darf nicht vergessen, daß die Intuition in zwei Schritten abläuft: empfangen und interpretieren. Obwohl die *Informationen*, die wir intuitiv erhalten, immer richtig sind, sind wir, die wir diese Daten deuten, »nur« Menschen. Wenn wir die Informationen zusammensetzen und interpretieren, können leicht Fehler entstehen.

Intuition kennt keine Grenzen

Im Gegensatz zu unseren Sinneswahrnehmungen oder rationalen Fähigkeiten ist die Intuition weder räumlich noch zeitlich begrenzt. Sie kann uns etwas über Dinge sagen, die erst in der Zukunft geschehen werden, Dinge, die wir noch nie gesehen haben und die sich an Orten befinden, an denen wir noch nie gewesen sind. Insofern ist die Intuition »idiotensicher«. Man kann sie bei jedem Thema einsetzen, ohne daß man irgendein Vorwissen darüber haben muß. Intuition setzt nicht voraus, daß Sie irgend etwas über das Thema »wissen«, über das Sie ein Reading geben. Es ist noch nicht einmal Voraussetzung, daß Sie die Eingebungen *verstehen*, die Sie empfangen!

Nehmen wir mal an, ein Automechaniker kommt zu Ihnen und bittet Sie darum, ihm ein Reading zu geben. Irgend etwas ist mit seinem Wagen nicht in Ordnung, und er weiß einfach nicht, wo das Problem liegt. Obwohl Sie vielleicht keine Ahnung von der Mechanik eines Autos haben und keinen blassen Schimmer davon, wie es funktioniert, können Sie einfach die Gefühle, Bilder und Wörter beschreiben, die Sie als Informationen über den Defekt empfangen. Der Mechaniker kann dann Ihre Symbole deuten und bestimmen, welche Teile des Autos sie repräsentieren.

Warum ich nicht perfekt bin!

Da ich meine intuitiven Fähigkeiten beruflich einsetze, werde ich häufig gefragt: »Wenn Sie so ausgeprägte intuitive Fähigkeiten haben, warum wissen Sie dann nicht eine Antwort auf alles?« Ich weiß nicht alle Antworten, weil ich nicht alle Fragen kenne. Das ist besonders dann der Fall, wenn die intuitive Information nur aus einem Ja oder Nein oder aus einem Namen besteht. Wenn man den Kontext, innerhalb dessen man die Informationen interpretieren könnte, nicht kennt, muß man zunächst prüfen, ob die Frage, die gestellt wurde, tatsächlich die Frage ist, die man beantwortet hat.

Während man für eine empirische Entscheidung so viel verfügbares Wissen wie möglich zu einem bestimmten Thema zusammenträgt, benötigt die Intuition nur eine Frage. Je mehr Sie bereits über etwas wissen und je stärker Sie emotional beteiligt sind, desto mehr kommen Ihnen Ihre Gefühle sowohl beim Empfang als auch bei der Interpretation der intuitiven Daten in die Quere. Deshalb ist es leichter, ein Reading für andere zu geben als für sich selbst.

Des Teufels Advokat

Moment mal! Wenn meine Intuition durch nichts begrenzt ist, bedeutet das dann nicht, daß ich die Antwort auf jede Frage weiß?

Richtig! Das ist *genau* das, was ich behaupte. Das heißt, ich behaupte vielmehr, daß Sie durch Ihre Intuition *Zugang* zu allen Antworten haben. Das ist allerdings nicht dasselbe, wie alles zu wissen. Der Trick besteht darin, die richtigen Fragen zu stellen!

Wenn Ihr rationaler Verstand Schwierigkeiten hat zu akzeptieren, daß Ihre Intuition jede Frage beantworten kann, versuchen Sie folgendes: *Tun Sie so, als ob* sie es kann. Mit anderen Worten, tun Sie so, als seien Ihre intuitiven Eingebungen die richtigen Antworten auf die Fragen, die Sie Ihrer Intuition bewußt – oder unbewußt – stellen. Ich verspreche Ihnen, daß Sie mit der Zeit nicht mehr so tun müssen, als ob; das Feedback, das Sie bekommen, wird Ihr Vertrauen stärken.

20

Lernen Sie, den einzigartigen Wortschatz der Intuition zu verstehen

Intuitive Eingebungen müssen übersetzt und interpretiert werden, um einen Sinn zu ergeben

Viele Menschen glauben irrtümlicherweise, daß sich die Intuition in vollständigen, grammatikalisch richtigen Sätzen oder in klaren Bildern mitteilt. Ein gängiges Klischee ist zum Beispiel die Vorstellung, daß eine Mutter plötzlich intuitiv spürt, daß ihr kleiner Sohn im Schulhof von einer Schaukel gefallen ist. Einige Augenblicke später bekommt sie einen Anruf von der Schule, der genau das bestätigt.

Eine so genaue Übereinstimmung zwischen intuitiver Eingebung und dem, was tatsächlich geschieht, ist äußerst selten. Die meisten Menschen haben keinen Zugang zu ihrer Intuition, weil sie solche symbolischen Bilder oder wortwörtliche Informationen erwarten. Wie Sie wahrscheinlich bereits festgestellt haben, teilt sich die Intuition allerdings auf eine indirekte Weise, nämlich durch Fragmente und Symbole, mit. Ein großer Teil des Übersetzungsprozesses läuft unbewußt ab.

In welchem Maße sich Ihre intuitiven Eingebungen direkt übertragen lassen, hängt davon ab, welche der drei folgenden Techniken Sie anwenden:

- Beim Hellsehen lassen sich die Informationen oft direkt übertragen. Daher ist in den meisten Fällen keine Übersetzung nötig.
- Wenn man etwas deutlich spürt, empfängt man in der Regel Bilder mit einer verschlüsselten symbolischen Bedeutung.
- Wenn man bei einem Reading klar hört, läßt sich dies oft direkt übertragen. Der Übersetzungsprozeß kann unmittelbar ablaufen, so daß man sich dessen gar nicht bewußt ist und gleich ein Wort oder sogar einen vollständigen Satz wahrnimmt.

Wenn Sie beginnen, Ihre intuitiven Fähigkeiten zu trainieren, werden Sie feststellen, daß der Übersetzungsprozeß wahrscheinlich eine Zeitlang bewußt ablaufen wird. Sobald Sie aber mehr Übung und Erfahrung haben, wird er sich unmittelbar vollziehen und Ihnen selbst gar nicht mehr bewußt sein. Dieselbe Lernkurve ergibt sich, wenn wir eine Sprache lernen. Am Anfang übersetzen wir alles bewußt, aber nach einer Weile lernen wir, in der anderen Sprache zu denken und uns auszudrücken.

Obwohl intuitive Informationen oft sehr deutlich empfangen werden, erreichen sie uns genauso häufig in Form von fragmentarischen Stimmen, Bildern und Gefühlen. Diese einzelnen Teile müssen dann so zusammengesetzt werden, daß sie einen Sinn ergeben. Das ist ein komplizierter Prozeß, bei dem viele Fehler auftreten können. Die Sprache der Intuition ist nicht immer so klar, daß sie ein Ja oder Nein ergibt; sie besteht aus einer Mischung von Symbolen, Geräuschen und Gefühlen, die vom rationalen Verstand interpretiert und zu einem Ganzen zusammengefügt werden müssen.

Nehmen wir an, daß Sie als Antwort auf verschiedene Fragen die deutliche Eingebung von einem alten Auto der Marke »Ford« empfangen, das Ihr Vater einmal besaß. Auf diese Art will Ihnen Ihre Intuition vielleicht etwas über eine Person namens Ford sagen. Selbstverständlich könnte ein altes Auto für einen anderen Menschen etwas vollkommen anderes bedeuten.

Ein einfaches Beispiel

Ich möchte Ihnen dabei helfen, sich über die Probleme bewußt zu werden, die sogar bei der Interpretation von ganz einfachen intuitiven Informationen entstehen können. Überlegen Sie sich daher einmal, was es bedeuten könnte, wenn Sie den Buchstaben C empfangen.

Es könnte wortwörtlich der Buchstabe C gemeint sein, er könnte aber auch für eine der folgenden Varianten stehen:

- Zeh (ein Homonym)
- ein Wort, das mit dem Buchstaben C beginnt
- etwas, das die Form eines C hat

Wenn wir einmal soweit sind, können und sollten wir Hinweise suchen, um herauszufinden, welche dieser Bedeutungen gemeint ist. Ich glaube, dieses Beispiel verdeutlicht, daß der Empfang von Informationen nur der erste Schritt bei der Anwendung von Intuition ist.

Der nächste Schritt besteht darin, die Informationen mit

Hilfe unserer Logik zusammenzusetzen. Manchmal erhalten wir schon beim ersten Schritt eine klare Antwort. In diesem Fall müssen wir für weitere Eingebungen offen bleiben, um die Antwort zu überprüfen. Aber häufig erhalten wir den ersten intuitiven Hinweis in Form verschiedener Wahrnehmungen, die uns eine Reihe von Informationen liefern, die dann zu einer Antwort zusammengesetzt werden müssen. Das ist der Schritt, bei dem die meisten Menschen am Anfang Fehler machen.

Nur Sie selbst können Ihre Symbole interpretieren

Durch welches Bild wird für Sie eine Schwangerschaft symbolisiert? Einer meiner Kursteilnehmer war sehr erfolgreich dabei, künftige Schwangerschaften vorherzusehen. Welches Symbol sah er in diesen Fällen? Ein Fenster! Ich bezweifle sehr, daß ein Fenster auch für Sie ein Symbol für Schwangerschaft ist; wahrscheinlich hat ein Fenster für Sie eine vollkommen andere Bedeutung.

Dasselbe Symbol kann für zwei Menschen sogar eine gegensätzliche Bedeutung haben. Für mich als Stadtmenschen kann das Bild, allein in einem Ruderboot auf einem mondbeschienenen See zu sitzen, Gefahr bedeuten. Für jemanden, der auf dem Land aufgewachsen ist, symbolisiert es vielleicht Ruhe und Frieden oder eine Liebesbeziehung.

Überdies kann dasselbe Symbol – je nachdem, in welchem Zusammenhang es auftaucht – verschiedene Bedeutungen haben. Die Farbe Rot zum Beispiel kann sowohl für Blut und Tod als auch für die Liebe stehen.

Warum Symbollexika Ihnen nicht weiterhelfen und warum Sie Ihr eigenes zusammenstellen müssen

Es gibt einen großen Schwachpunkt bei Symbollexika mit Titeln wie ›Traumdeutung‹ oder ›Die Bedeutung von Symbolen‹. Obwohl es archetypische Bilder gibt, die weitverbreitet sind, sind die aussagekräftigsten Symbole diejenigen, die wir selbst entwickeln.

Einer der ersten Schritte bei der Arbeit mit Ihrer Intuition besteht darin, Ihre eigene Symbolsprache zu lernen. Mit etwas Übung werden Sie merken, daß einige Symbole oder Eingebungen besonders verläßliche Hinweise auf bestimmte Dinge sind. Sie haben vielleicht festgestellt, daß das Bild der Sonne immer ein klares Ja bedeutet und daß das Bild Ihres Onkels ein klares Zeichen dafür ist, daß die Person, über die Sie in Ihrem Reading etwas wissen wollen, unehrlich und unzuverlässig ist.

Nach mehreren Readings werden Sie herausfinden, daß Sie einen ganz persönlichen Wortschatz haben, dessen Bedeutungen bemerkenswert konstant und direkt zu verstehen sind. Im Alltag können Ihnen diese Erkenntnisse sehr nützlich sein. Sie werden vielleicht jemandem vorgestellt, der Sie aus irgendeinem Grund an Ihren Onkel erinnert. Damit hat Ihre Intuition Ihnen gerade einen wertvollen Hinweis über die Vertrauenswürdigkeit dieser Person gegeben.

Achten Sie auf die Bilder, die Sie empfangen, und mit welchen Ereignissen und Emotionen sie in Zusammenhang stehen. Halten Sie alles in Ihrem Intuitionstagebuch fest. Das sollten Sie übrigens zu einer festen Gewohnheit in Ihrem Leben machen.

Übung 17

Lernen Sie Ihren intuitiven Wortschatz kennen

Sie können sich einige gezielte Fragen stellen, um ein paar Ihrer Symbole sowie die Bedeutung bestimmter Sinneswahrnehmungen herauszufinden. Schildern Sie Ihre Antworten auf die folgenden Fragen:

- Wie fühlen Sie sich, wenn jemand nein zu Ihnen sagt?
- Wie fühlen Sie sich, wenn Sie glücklich sind?
- Was ist für Sie ein positives visuelles Bild? Und was ein negatives?
- Welchen Geruch empfinden Sie als ekelhaft? Welcher ist Ihnen angenehm?

Vergessen Sie nicht, all dies unter der Überschrift »Übung 17« in Ihrem Intuitionstagebuch festzuhalten.

21
Strukturieren Sie Ihre Readings

Ein vorgegebener Rahmen hilft beim Üben

Um Ihre Intuition möglichst gewinnbringend nutzen zu können, empfiehlt es sich zunächst, einen gewissen Rahmen abzustecken, innerhalb dessen Sie Ihre intuitiven Eindrücke ordnen können. Die folgende Übung hilft Ihnen dabei, einen solchen Rahmen für Ihre Intuition zu entwickeln und Ihre Eindrücke, die Sie auf eine Frage empfangen, in eine sinnvolle zeitliche Abfolge zu bringen.

Die Form, die ich dafür gewählt habe, ist ein Quadrat. Es ist eigentlich nichts Besonderes daran, ich habe es einfach ausgesucht, weil man es leicht visualisieren kann. Wenn Sie Schwierigkeiten damit haben, dann zeichnen Sie einfach ein Quadrat auf ein Stück Papier.

In jeder Ecke des Quadrats spielt sich eine Szene ab. Beginnen Sie mit der rechten unteren Ecke, wir wollen sie Ecke 1 nennen (Sie müssen sich das nicht merken – Ihr Unbewußtes wird das ohnehin tun). Diese Ecke veranschaulicht, was momentan im Hinblick auf eine Frage passiert. Wenn

Sie nun im Uhrzeigersinn zu Ecke 2 wandern, sehen Sie dort, was hinsichtlich dieser Frage zukünftig geschehen wird. Wenn Sie weiter zur linken oberen Ecke (3) wandern, sehen Sie, was sich aus der vorhergehenden Szene entwickeln wird. In Ecke 4 sehen Sie schließlich, wie Sie oder das Thema Ihrer Frage sich durch all diese Dinge verändern werden.

Im folgenden finden Sie eine Übersicht über die Ecken des Quadrats. Ich möchte Sie nochmals daran erinnern, darauf zu vertrauen, daß Ihr Unbewußtes sich die Anordnung merkt.

Ecke 1: Was momentan passiert
Ecke 2: Was passieren wird
Ecke 3: Was sich aus der vorhergehenden Szene entwickeln wird
Ecke 4: Wie Sie oder das Thema Ihrer Frage sich durch all das verändern werden

Fragen, auf die Sie achten sollten

Achten Sie besonders darauf, wie lange Sie dafür brauchen, um von einer Ecke in die nächste zu kommen und versuchen Sie, in jeder Ecke Namen von Menschen und Orten zu empfangen, egal, ob Sie glauben, daß sie für Ihre Frage eine Rolle spielen. Notieren Sie die Dauer jeder Bewegung. Wie lange haben Sie gebraucht, um von Ecke 1 zu Ecke 2 zu kommen? Wie lange sind Sie in jeder Ecke geblieben? Achten Sie auch darauf, was sich in der Vergangenheit, Gegenwart oder Zukunft abspielt, und stellen Sie dann fest, woran Sie das eigentlich erkennen.

Während Sie sich von Ecke zu Ecke bewegen, werden

neue Fragen auftauchen, die Sie beachten sollten. Mit jeder neuen Frage, die Sie Ihrer Intuition stellen, können sich diese Zusatzfragen ändern. Sie können aber auch gleich bleiben. Vielleicht fragen Sie: »Welche Person beziehungsweise welche Personen sind hier?«, wenn Sie zu Ecke 1 (der Gegenwart) kommen. Das wäre ein Beispiel für eine breitangelegte Orientierungsfrage; es gibt unzählige weitere.

Wenn Sie ein systematischeres Verfahren vorziehen, können Sie sich in jeder Ecke eine Reihe festgelegter Fragen stellen. Hier ein paar Beispiele:

- Wo bin ich?
- Wer ist bei mir?
- Was geschieht um mich herum?
- Was fühle ich?

Und so weiter.

Das *Ich* in diesen Fragen steht lediglich als Metapher für die jeweilige Sache oder Person, um die es in der Ausgangsfrage geht. Wenn Sie zum Beispiel bei der Frage »Wo bin ich?« das Gefühl haben, daß Ihr linker Fuß sich im Wasser befindet und es in der Ausgangsfrage um den Bau eines Gebäudes ging, würde ich Ihnen raten, darauf zu achten, ob die linke Seite des Gebäudes im Wasser steht oder sich in der Nähe von Wasser befindet.

Zwei Beispiele

Die beiden folgenden Readings wurden im Rahmen eines Workshops von zwei Teilnehmern gegeben, die vorher noch nie ein Intuitionstraining gemacht hatten. So wie Sie wurden die Kursteilnehmer Mary und Henry gebeten, drei wichtige

Fragen aufzuschreiben, die sie während des Workshops beantworten wollten. Und so wie Sie beantworteten sie ihre Fragen häufig »blind«, das heißt, ohne zu wissen, auf welche Frage sie eigentlich gerade eine Antwort gaben.

Marys Frage

Sie lesen nun das Reading einer Psychotherapeutin, die kurz zuvor damit begonnen hatte, Ihr Lebensziel zu verwirklichen – sie wollte nämlich Romane schreiben. Hier ist die Frage, die Mary beantwortete (vergessen Sie nicht, daß sie dieses Reading blind gab): »Werde ich zukünftig noch mal mit Klienten arbeiten?«

Marys Reading: Gesammelte Eindrücke

Ich habe diese Übung in zwei Teile geteilt: Im ersten Teil werden intuitive Eingebungen gesammelt, und im zweiten Teil werden sie interpretiert.

> **Ecke 1**: Diese Ecke ist dunkel, mit viel südländischem Gestrüpp. Sie wirkt vernachlässigt. Hier haben sich einmal gute Dinge ereignet. Es gibt einen verborgenen Teich, der wunderschön und klar aussieht, wenn man tief hineinblickt. Dieser Teich sollte eine Erinnerung bleiben. Im Moment sollte man nicht versuchen, ihn zu erreichen. Man sollte ihn als Erinnerung in seinem Herzen und in seinen Träumen bewahren, um mit seiner Hilfe etwas Neues zu schaffen. Um in die nächste Ecke zu kommen, muß ich bereit sein, durch das Gestrüpp zu gehen und die Blumen auf der anderen Seite der Weinstöcke zu sehen. Ich kann – und soll – nicht durch das Wasser gehen. Ich sollte mich einfach umdrehen und dem Gestrüpp zuwenden. Ich sollte mich von meiner Vorstellungskraft weiterbringen lassen, wenn das Gelände sich verändert, und das wird ziemlich sicher geschehen.

Ecke 2: Es ist Januar oder Weihnachten. Es hat frisch geschneit, Eiszapfen. Weihnachtslieder werden gesungen. Ich spüre, daß es hier Wohlstand und Frieden gibt. Ich habe das Gefühl, daß ich eine neue Familie gründen werde. Ich glaube, daß ich in einem anderen Land bin. Ein Baby wird bald gezeugt werden. Ich fühle mich vollkommen sicher.

Ecke 3: Es dauert vier oder fünf Monate, bis ich in die nächste Ecke komme. Ich bin auf Long Island. Es ist Sommer. Ich arbeite an neuen Projekten. Die Sonne ist heiß, stechend. Jane reitet auf Pferden. Ich treffe eine Entscheidung in bezug auf einen Mann. Ich entschließe mich zurückzugehen, aber auf eine andere Weise. Ich bin nach einer schwierigen Entscheidung mit mir im reinen. Ich sehe, wie ich ein Haus auf einem Hügel kaufe und daß ich »zu Hause« bin.

Ecke 4: Ich schreibe für viele Zeitschriften und spreche mit gebildeten Menschen. Ich bin in einem Haus auf dem Land. Es ist noch ein anderes Kind da – ein Mädchen –, insgesamt sind es also zwei. Ich bin 45 Jahre alt. Ich habe zwei Bestseller geschrieben und möchte jetzt etwas anderes machen. Ich konzentriere mich darauf, Drehbücher zu schreiben. Jane tanzt und turnt sehr gerne. Vielleicht werde ich das Mädchen Angelica nennen. Ich sehe einen dunkelhaarigen Mann. Er ist mein Freund.

Marys Reading: Interpretation der Eindrücke

Wie Sie bereits wissen, muß man in zwei Schritten mit der Intuition arbeiten: Zunächst sammelt man intuitive Eindrücke, dann interpretiert man sie und verleiht ihnen somit einen Sinn. Mit etwas Übung gehen die zwei Schritte nahtlos ineinander über. Aber wenn man etwas Neues lernt, hilft es in der Regel, den Ablauf in verschiedene Schritte zu unterteilen.

Im folgenden lesen Sie Marys Kommentar zu ihren Eindrücken:

Wenn ich über diese Bilder nachdenke, fällt mir auf, daß in keinem zu sehen ist, daß ich mit Klienten arbeite. Statt dessen handeln sie vom Zuhause, von der Familie und von kreativer Kommunikation. Die erste Ecke zeigt mir ganz deutlich, daß ich nicht zurück in den Teich gehen soll (mit Klienten arbeiten), sondern daß ich den anderen Weg nehmen sollte, auch wenn er wenig einladend erscheint. Meine Mutter kommt aus den Südstaaten. Ich frage mich, ob das Gestrüpp mich an den Süden erinnert, weil ich an Dingen arbeiten sollte, die etwas mit meiner Beziehung zu meiner Mutter zu tun haben. Das Gestrüpp ist auch eine gute Metapher für meine momentane berufliche Veränderung. Ich habe nicht gedacht, daß der Weg so beschwerlich und »dornenreich« sein würde. Irgendwie hat mich die Arbeit mit meinen Klienten von meinen eigenen Problemen abgelenkt. Wenn ich schreibe, kann ich meine inneren Auseinandersetzungen sowie die »Erinnerungen« an die Lebensgeschichten meiner Klienten kreativ nutzen, um daraus etwas Neues zu schaffen.

Meine Bilder zeigen mir, daß ich meinem Zuhause und meiner Familie mehr Zeit widmen möchte und daß dort der Schwerpunkt meines Lebens sein wird. Ich bin jetzt schon einmal vorgewarnt, daß es vielleicht eine stürmische Phase in meiner Ehe geben wird, was mich eigentlich nicht überrascht, aber ich werde bewußter damit umgehen. Ich fühle mich jetzt weniger unter Druck gesetzt, wieder mit Klienten zu arbeiten, und ich bin mir jetzt wieder sicher, daß ich beruflich den richtigen Weg eingeschlagen habe. Wenn ich meine Frage noch einmal formulieren müßte, dann würde ich fragen, ob ich als Schriftstellerin erfolgreich sein werde, aber ich schätze, das habe ich sowieso schon beantwortet.

Henrys Frage

Das folgende Reading wurde von einem Manager im mittleren Alter gegeben, der vor kurzem entlassen worden war und sich dazu entschlossen hatte, seinen Arbeitgeber zu verklagen. Auch er wußte nicht, welche Frage er beantwortete.

Henrys Frage lautete: »Werde ich den Prozeß gegen meinen früheren Arbeitgeber gewinnen?«

Henrys Reading: Gesammelte Eindrücke

Ecke 1: Eine leere Tafel; nach und nach erscheint eine Schrift, und zwar auf eine Weise, die nicht beunruhigend ist. Das rosafarbene Blütenblatt einer Rose. Ich möchte am liebsten vor der zweiten gleich in die vierte Ecke gehen. Zwei Wochen verstreichen, bevor ich in die nächste Ecke gehe.

Ecke 2: Ein Scherbenhaufen aus Glas oder wie von einem Spiegel. Ich hoffe, daß ich nicht ausgeraubt werde. In der Mitte sehe ich einen Türknauf und zwei Hände, die sich wie die Zeiger einer Uhr aufeinander zubewegen. Sie brauchen drei Monate, um zusammenzukommen und einen weiteren Monat, bis es sich meiner Ansicht nach gut anfühlt. In der Mitte sehe ich meine Gegner, aber sie bedrohen mich nicht. Die Spiegelscherben werden sie schneiden, wenn sie sich in irgendeine Richtung bewegen. Sie müssen sich mit mir auseinandersetzen, und ich bin der einzige, der sie retten kann. Die nächste Ecke kommt zur selben Zeit, ist aber gleichzeitig meine Zukunft.

Ecke 3: Ich sehe Kalifornien, das Silicon Valley. Ich arbeite an einem großen Projekt, das ich als vertraut und zugleich als neu empfinde; wie eine alte Idee von mir, die eine neue Form angenommen hat. Alles ist gut. Jeder will meine Zeit. Es ist immer noch kühl in Nordkalifornien. Bald wird ein Produkt auf den Markt kommen, an dessen Entwicklung ich beteiligt war. Wenn es soweit ist, verwandeln sich die Scherben in der zweiten Ecke zu Sternschnuppen und erleuchten alles, was sie berühren. Vielleicht passiert das noch vor dem Sommer. Ich lerne es zu genießen, vor Publikum zu spre-

chen. Mein Gehalt ist super. Mein Sohn ist so reif und unabhängig. Ich verspüre kein Bedürfnis, zur vierten Ecke zu gehen, weil mich das nur in die erste zurückbringt.
Ecke 4: Ich sehe einen Blumenstrauß, eine Braut, die barfuß auf einem Pfad im Garten entlangläuft. Ich sehe meinen Sohn an meiner Seite und meinen Vater, der seine Arme um uns beide gelegt hat. Ich bin stark. Karen trifft mich am Ende des Pfads.

Henrys Reading: Interpretation der Eindrücke

Die Antwort ist ein entschiedenes Ja. Ich werde den Prozeß gewinnen. Die Bilder sprechen meine Ängste an, wegen meines zukünftigen Jobs umziehen zu müssen. Es ist ein Problem, weil meine Frau ihre Arbeit in Boston, wo wir im Moment wohnen, sehr mag. Die Bilder zeigen mir aber auch, daß ich in meinem neuen Job sehr erfolgreich sein werde. Ecke 4 versichert mir, daß Karen nachkommen wird, aber die Formulierung deutet darauf hin, daß es mit einigen Schwierigkeiten verbunden sein wird. Die Rosenblüte in Ecke 1 und der Blumenstrauß am Ende sagen mir, daß ich den Prozeß, der für mich eine Art moralischer Kreuzzug ist, gewinnen werde und daß ich gleichzeitig ein neues Leben beginne. Meine Mutter ist seit einiger Zeit krank und, obwohl ich eigentlich nicht daran denken möchte, bin ich ganz zuversichtlich, daß mein Vater in unsere Nähe zieht, falls ihr etwas zustößt. Mein Sohn ist erst zehn Monate alt. Es ist komisch, sich vorzustellen, daß er neben mir geht, aber ich denke, das wird wohl bald geschehen.

Mein Reading sagt mir, daß der Prozeß länger dauern wird, als ich gedacht habe, auch wenn ich immer noch hoffe, daß er morgen schon entschieden sein wird. Ich möchte meine Aufzeichnungen gleich noch einmal lesen. Ich habe das Gefühl, daß ich noch viel mehr Informationen erhalten kann.

Den Readings eine Struktur zu geben, hat auch Nachteile

Sich innerhalb eines Quadrats zu bewegen, ist nur eine Möglichkeit, Ihren Readings einen Rahmen zu geben, bis Sie Ihr ganz persönliches Verfahren entwickelt haben. Sie können sich auch andere Vorgehensweisen zu eigen machen oder erfinden. Die oben beschriebene Technik können Sie anwenden, bis Sie mit einer anderen Methode vertraut sind.

Sie sollten allerdings eines bedenken: Je mehr Sie Ihr Reading strukturieren, desto mehr grenzen Sie auch die Informationen ein, die Sie erhalten. Versuchen Sie sich daher in den kommenden Wochen immer mehr von vorgegebenen Strukturen zu lösen.

Jetzt sind Sie dran

Nun, da Sie wissen, wie es geht, möchte ich Sie bitten, ein blindes Reading zu einer Ihrer drei Fragen zu geben.

Übung 18

Bewegen Sie sich innerhalb des Quadrats
von einer Ecke zur nächsten

Auf Seite 198 erfahren Sie, welche Ihrer drei Fragen Sie beantwortet haben. Schlagen Sie die Seite bitte nicht auf, bevor Sie in jeder Ecke des Quadrats eine Antwort gefunden haben:

Ecke 1: Die gegenwärtige Situation
Ecke 2: Was in der näheren Zukunft passieren wird
Ecke 3: Was sich langfristig daraus entwickeln wird
Ecke 4: Wie Sie oder das Thema Ihrer Frage sich dadurch verändern werden

Jetzt können Sie die Ecken ruhig wieder vergessen (Ihr Unbewußtes wird sich daran erinnern). Nehmen Sie Ihre Eindrücke auf eine Kassette auf und übertragen Sie sie dann unter der Überschrift »Übung 18« in Ihr Intuitionstagebuch. Wenn Sie mit dieser Übung fertig sind, können Sie auf Seite 198 nachschauen, welche Frage Sie beantwortet haben.

Ein Blick nach vorne

Das Ziel dieses Kapitels war, Ihnen Techniken vorzustellen, mit denen Sie Ihren Readings einen bestimmten Rahmen geben können. Wenn Sie mehr Erfahrung haben, werden Sie zweifellos andere Methoden entwickeln, die Ihrem persönlichen Stil mehr entsprechen. Experimentieren Sie einfach ein bißchen. Im nächsten Kapitel werden Sie beginnen, ein Gefühl für die Sprache zu bekommen, die Ihre Intuition benutzt, um zu Ihnen zu »sprechen«.

22

Ihr intuitiver Wortschatz: Wie sehen Ihre Zeitsignale aus?

Sprechen Sie über die Vergangenheit, die Gegenwart oder die Zukunft?

Es ist wichtig zu wissen, ob Ihre intuitiven Eingebungen sich auf die Vergangenheit, die Gegenwart oder die Zukunft beziehen. Wenn wir träumen, erleben wir alles, was geschieht, als etwas, das sich gegenwärtig ereignet, sogar dann, wenn es sich bereits in der Vergangenheit zugetragen hat oder sich auf die Zukunft bezieht.

Auch bei der Intuition besteht diese »Gleichzeitigkeit« der verschiedenen Zeitebenen. Deswegen müssen Sie sich mit Zeichen versorgen, damit Sie ein Ereignis dem richtigen Zeitabschnitt zuordnen können. Ab und zu werden Sie diese Zeichen in Ihrer Antwort deutlich erkennen. So zum Beispiel, wenn Sie einen Menschen, über den Sie eine Frage stellen, sehen und dieser in dem Bild älter ist als in Wirklichkeit. Oder wenn Sie Ereignisse sehen, von denen Sie wissen, daß sie noch nicht passiert sind. Vielleicht bemerken Sie aber auch so etwas Offensichtliches wie eine Jahreszeit. Wenn Sie keine derartigen Hinweise erhalten, müssen Sie nach und nach herausfinden, welche Zeichen Ihre Intuition benutzt, um Ihnen mitzuteilen, ob Ihre Eingebungen sich auf die Vergangenheit, die Gegenwart oder die Zukunft beziehen.

Meine Zeitsignale – Ihre werden mit Sicherheit anders aussehen – sind konkret und unmißverständlich:

- Wenn meine intuitiven Informationen sich auf die Vergangenheit beziehen, sind sie mit viel »Gefühl« und »Pathos« verknüpft.
- Wenn meine intuitiven Informationen von der Gegenwart handeln, nehme ich das mit einem inneren Abstand wahr, so als würde ich eine Distanz schaffen, damit ich objektiv sein kann.
- Wenn meine intuitiven Informationen mit der Zukunft zu tun haben, werden sie mit einem Gefühl von Leichtigkeit vermittelt, so als würde ich durch einen durchsichtigen Vorhang schauen. Außerdem bin ich mir meines Körpers weniger bewußt. Es ist so, wie wenn ein Körperteil einschläft. Die Informationen sind weniger greifbar und weniger bildlich – und vermitteln mir eher eine Art wissendes Gefühl.

Die folgende Übung wird Ihnen verdeutlichen, auf welche Weise Ihre Intuition bestimmte Zeitangaben macht, und Ihnen außerdem eine Technik vorstellen, mit der Sie Ihre Intuition auf verschiedene Zeitabschnitte ausrichten können, indem Sie körperliche Zeitsignale einsetzen.

Antwort auf **Übung 18:** Sie haben Ihre Frage 2 beantwortet.

Übung 19

Legen Sie Ihre persönlichen Zeitsignale fest

Auf Seite 200 steht die Zahl einer Ihrer drei Fragen.

Spüren Sie der Frage nach. Beachten Sie alle Eingebungen. Um sich selbst ein Signal für die Gegenwart zu geben, schlagen Sie nun Ihre Füße übereinander, damit Ihr Unbewußtes lernt, daß Sie sich auf die *Gegenwart* konzentrieren wollen, wenn Sie dies tun.

Schildern Sie Ihre Eindrücke. Wenn Sie damit fertig sind, bringen Sie Ihre Füße wieder in die Ausgangposition zurück.

Konzentrieren Sie sich jetzt auf Ihre linke Seite: Ihre linke Hand, Ihre linke Schulter, Ihre linke Kopfseite und so weiter. Rollen Sie die Zehen Ihres linken Fußes ein. Achten Sie auf alle Eingebungen, die sich bei der Frage auf die *Vergangenheit* beziehen.

Schildern Sie Ihre Eindrücke. Wenn Sie fertig sind, strecken Sie die Zehen Ihres linken Fußes wieder.

Konzentrieren Sie sich jetzt auf die rechte Seite Ihres Körpers. Rollen Sie die Zehen Ihres rechten Fußes ein. Achten Sie auf Ihre Eingebungen, die bei dieser Frage die *Zukunft* betreffen.

Schildern Sie Ihre Eindrücke. Wenn Sie fertig sind, strecken Sie die Zehen des rechten Fußes wieder.

Kehren Sie schließlich zur Gegenwart zurück, um sich einen Rat zu *holen*. Schlagen Sie Ihre Füße noch einmal übereinander, um Ihrem Unbewußten mitzuteilen, daß Sie wieder in der Gegenwart sind.

Schildern Sie Ihre Eindrücke. Vergessen Sie nicht, alles in Ihr Intuitionstagebuch zu schreiben.

Die Antworten von zwei Kursteilnehmerinnen

Bei den folgenden zwei Beispielen habe ich absichtlich die Interpretationen der Kursteilnehmerinnen weggelassen, so daß Sie Ihre eigenen Schlüsse ziehen können. Obwohl Sie Ihre eigenen Symbole und Metaphern am besten deuten können, kann ein Fremder bei anderen manchmal zwischen den Zeilen lesen. Versuchen Sie es doch einfach mal.

Antwort 1

Wie wird meine häusliche Situation in einem Jahr aussehen?

Die Gegenwart: Auf beiden Seiten sind die Vorhänge zurückgezogen. Elegante Samtvorhänge. Das Fensterglas? Es blickt nach innen, anstatt den Betrachter hinausschauen zu lassen. Die Vorhänge sind zu einem Leichentuch eines älteren Menschen geworden, der sich ausruhen will, das jedoch vor lauter Kummer nicht kann. Diese Person hat einen Buckel. Ich lege sie auf ein weiches Baumwoll-Daunenbett und sehe jetzt, daß sie jung ist, während ich zur Vergangenheit gehe.

Die Vergangenheit: Ich nehme Aktivität, Wut und Intensität wahr, alles dreht sich so schnell in einer selbstgeschaffenen Bewegung, die keine Zeit zum Auftanken läßt. Ich unterdrücke einen Schrei. Als ich dann doch schreie, lösen sich die alten Farben und Tapeten von den Wänden um mich herum und legen ein strahlendes neues Innendekor frei.

Die Zukunft: Ich fühle die sanft schaukelnde Bewegung eines Sees oder Flusses, die mich ohne Anstrengung höher trägt. Ich empfange den Namen James. Ich sehe, daß es September ist.

Antwort auf **Übung 19:** Sie haben Ihre Frage 3 beantwortet.

Rat: Ich habe das Gefühl, daß ich mich besser organisieren und meine Geschäfte systematischer angehen muß. Wenn ich zentriert bleibe, wird alles zu meinen Gunsten laufen. Ich sollte mich nicht in Nostalgie und Emotionen verlieren.

Antwort 2
Werden Paul und ich unsere Probleme auf liebevolle Weise lösen?

Die Gegenwart: Ein weißer Plastikbogen, wie ein Schöpflöffel, der sich nach links neigt. Nach einer Weile wird er zu einem halbkreisförmigen Bogen, fast wie ein altmodischer Hut. Der Hut schneidet die Gesichtszüge scheibchenweise weg. Neue Gesichtszüge werden sichtbar. Haare werden nach oben gefegt und bilden ein Portemonnaie aus Draht.
Die Vergangenheit: Die weiße, knochige Wirbelsäule eines Menschen, ein Baby auf dem Arm. Weinen bei einer Geburt. Eine Beerdigung ohne Leiche. Das Taufkleid wird zu einem Hochzeitskleid, das für das nächste Kind benutzt wird.
Die Zukunft: Ein solides Unternehmen. Eine alte geschnitzte Holzschachtel, ein Erbstück. Eine Seite ist voll, die andere ist leer – allerdings nicht aufgrund eines Mangels. Sie bleibt einfach leer, um Raum für künftige Zuwächse zu lassen (obwohl das eigentlich nicht nötig ist).
Rat: Es kommen nur noch ein paar Dinge auf mich zu. Alles ist in Ordnung. Ich bereite das Fundament. Ich muß keine Angst vor Veränderung haben. November. Jetzt. Schau nicht nur zu, wenn etwas passiert; werde selbst aktiv.

Das vollständige Reading einer Kursteilnehmerin

Im folgenden lesen Sie die Antworten einer Kursteilnehmerin auf ihre verdeckte Frage sowie ihre Interpretation.

Die Gegenwart: Schaukeln, ein sanftes Schaukeln, das die Situation ins Gleichgewicht bringt. Das Baby will dauernd aus der Wiege krabbeln. Es muß mit dem Schaukeln eins werden, um seine Kraft zu erhalten.
Die Vergangenheit: Ertrinken; im Wasser atmen müssen, um überhaupt zu atmen. Akzeptieren lernen, daß das Wasser nicht töten wird. Es wird sich nicht angenehm anfühlen, aber es wird auch nichts zerstören. April.
Die Zukunft: Freiheit mit einem bitteren Beigeschmack, Sommer und etwas Angst vor der Freiheit, da man nicht weiß, wo sie hinführen wird. Sich von dem trennen, was einem lieb geworden ist, und herausfinden, daß es trotzdem noch auf positive Weise da ist. Zwei.
Rat: Ein altes Buch, das eine Geschichte enthält, die darauf wartet, erzählt zu werden. Der Herbst. Angst zu fallen. Es gibt nichts, wo man hinfallen könnte.

Die Kursteilnehmerin öffnete nach dieser Schilderung ihren Umschlag mit folgender Frage: »Wird Amy im Herbst aufs College gehen?« Hier ihre Interpretation:

Amy wollte vor dem College gerne ein Jahr freinehmen, was mein Mann und ich überhaupt nicht gerne sehen. Amy will ihre Energie auf nichts konzentrieren und beschäftigt sich lieber oberflächlich mit den zahlreichen Dingen, die sie interessieren. Die Bilder ergeben für mich in diesem Kontext einen Sinn.

In der Vergangenheit haben wir Amy dazu gedrängt, für (hoffentlich) vier Jahre aufs College zu gehen. Ich glaube nicht, daß das leicht für sie ist.

Wenn ich mir jetzt die Zukunft ansehe, glaube ich, daß dieses Reading mir sagt, daß Amy gegen unseren Willen das tun wird, was sie will, und sich die Zeit einfach freinehmen wird.

Ich weiß nicht, worauf sich die Zahl »zwei« bezieht, aber ich bin mir jetzt sicher, daß wir nach wie vor eine Familie sein werden, die fest zusammenhält, egal, wofür Amy sich entscheidet: »Sich von dem trennen, was einem lieb geworden ist, und herausfinden, daß es trotzdem noch auf positive Weise da ist.«

Mein Rat wäre jetzt, daß Amy sich den Sommer freinimmt, ihre »Freiheit« genießt und im Herbst aufs College geht. Ich glaube, die Angst zu fallen, ist die Angst zu versagen, die Amy davon abhält, ihre Ziele zu verfolgen. Das Buch sagt mir, daß sie ihren Weg im College finden wird. Ich glaube, daß mein Mann und ich ihr einen »freien« Sommer gönnen sollten und daß Amy dafür dann im Herbst aufs College geht. Vielleicht sollten wir weniger Wert auf ihre Leistungen legen und uns darauf konzentrieren, daß sie mit Hilfe der vielen unterschiedlichen Angebote, die es am College gibt, zu sich selber finden wird.

Ein hilfreicher Tip

Ein Reading kann zweideutig sein. Die erste Kursteilnehmerin erhielt die Antwort, daß sie sich in Zukunft wieder über etwas freuen würde. Das Reading gab ihr auch einige Tips, in welchen Bereichen sie Freude finden würde und wie sie am besten mit ihrer gegenwärtigen Situation umgehen sollte.

In der nächsten Übung können Sie die Technik praktizieren, dem »Faden« Ihrer intuitiven Eingebungen zu »folgen«.

Übung 20

Folgen Sie Ihren Träumereien

Beantworten Sie die Frage auf Seite 206 (mittlerweile wissen Sie ja schon, daß Sie nicht nachschauen sollen, bis Sie mit der Übung fertig sind). Achten Sie darauf, worauf sich Ihre Aufmerksamkeit richtet und wohin Sie Ihre Wahrnehmungen führen, wenn ich Sie auffordere, über die folgenden Dinge nachzudenken oder sie sich vorzustellen:

- einen Moment in Ihrer Kindheit
- etwas, das vor kurzem geschehen ist
- was Sie morgen tun werden
- in ein paar Jahren
- in zehn Jahren
- so weit in der Zukunft, wie Sie sich vorstellen können

Schildern Sie Ihre Eindrücke. Gehen Sie auch auf Details ein. Wenn Sie sich zum Beispiel an einen Jungen namens Michael erinnern, schreiben Sie den Namen auf. Achten Sie dann darauf, was er tut, wo er ist, mit wem und so weiter.

Fahren Sie auf diese Weise fort, bis Ihr Reading von selbst beendet ist. Wenn Sie soweit sind, können Sie auf Seite 206 blättern und nachsehen, auf welche Frage Sie intuitiv geantwortet haben. Vergessen Sie aber nicht, alles in Ihr Intuitionstagebuch zu schreiben.

Die Antwort eines Kursteilnehmers

Im folgenden lesen Sie ein Reading, das ein Kursteilnehmer auf seine verdeckte Frage gegeben hat: »Was werde ich in zwei Jahren machen?«

- Singen bei einer Geburtstagsfeier. Der Tag ist ganz allein mir gewidmet. Mein Kindermädchen ist da. Ein Name mit C.
- Ein frustrierendes Telefongespräch, bei dem ich das Gefühl hatte, daß nichts vorwärts geht. Ein Name mit J.
- Mittagessen. Mein Magen ist zu voll; es ist unangenehm.
- In einem Flugzeug fliegen. Tolle Orte besichtigen.
- Einen Vortrag vor einem intellektuellen Publikum halten. Ich präsentiere mich selbst als leuchtendes Beipiel. Wichtigtuerisch, aber glücklich.
- Gartenarbeit.

Und hier ist seine Interpretation, nachdem er den Umschlag mit seiner Frage geöffnet hatte:

> Das Bild vom Geburtstag läßt sich leicht interpretieren. Ich widme fast meine gesamte Zeit den Bedürfnissen anderer Menschen. Ich möchte gerne mal für eine Weile die Nummer eins sein und jemanden haben, der sich um mich kümmert. Ich habe nicht das Gefühl, daß im Moment viel passiert. Mein Magen ist zu voll. Ich habe so viele Dinge am Laufen, daß mir schwindlig wird.
>
> Ich versuche gerade, viele Projekte ins Rollen zu bringen, bei vielen müßte ich reisen. Deshalb ist das Bild »in einem Flugzeug zu fliegen« eine Bestätigung. »Vor einem intellektuellen Publikum einen Vortrag zu halten« ist genau das, was ich tun würde, wenn ich den Weg einschlage, über den ich gerade nachdenke. Ich glaube, das ist ein Hinweis darauf, welcher Weg der richtige ist.

Ich bin wahrscheinlich jemand, bei dem die Wahrscheinlichkeit, jemals zu gärtnern, gegen Null geht. Vielleicht werde ich ja einmal lernen auszuspannen. Darauf freue ich mich aber nicht!

Antwort auf **Übung 20**: Sie haben Ihre Frage 1 beantwortet.

23

Ihr intuitiver Wortschatz: Beantworten Sie Ja-oder-Nein-Fragen

Gegensatzpaare und Ja-oder-Nein-Fragen

Bei Fragen sollte man nicht nur die zeitliche Einordnung erkennen können, sondern auch, ob das Resultat eher positiv oder eher negativ ist. Ich sage »eher«, weil eine Frage nie ausschließlich mit Ja oder Nein beantwortet werden sollte. Ja-oder-Nein-Antworten sind aus den folgenden Gründen problematisch:

- Ja und Nein können sich mit der Zeit verändern.
- Ja und Nein können subjektiv sein.
- Ein unerwünschtes Ergebnis kann oft verändert werden, indem man in der Gegenwart etwas verändert.

Wenn Sie eine generelle Ja-oder-Nein-Antwort erhalten haben, sollten Sie zusätzlich versuchen, etwas über die Tendenz herauszufinden. Das erreichen Sie, indem Sie sich entgegengesetzte Extreme überlegen. Hier ein paar geläufige Beispiele:

- heiß – kalt
- oben – unten
- besser – schlechter
- schwer – leicht
- hell – dunkel

Gegensatzpaare sind wichtig für die intuitive Arbeit. Fast jede Frage kann teilweise oder ganz mit Hilfe eines Gegensatzpaares wie gut–schlecht, besser–schlechter, früher–später beantwortet werden.

Hier sind meine Assoziationen zu zwei Gegensatzpaaren:

Heiß: Aktiv, positiv, wachsend, gut, ja
im Gegensatz dazu:
Kalt: Streng, tot, schmerzhaft, negativ

Tag: Fleißig, aktiv, ermüdend, auslaugend, manchmal positiv, manchmal nicht
im Gegensatz dazu:
Nacht: Ruhig, sicher, voller Sterne, positiv

Selbstverständlich werden sich meine Assoziationen zu den Gegensatzpaaren von Ihren unterscheiden. Vielleicht werden Sie sogar feststellen, daß die Bilder, die Sie mit einem Gegensatzpaar assoziieren, sich mit der Zeit verändern.

Bei der folgenden Übung können Sie intuitiv Assoziationen zu Gegensatzpaaren entwickeln.

Übung 21

Definieren Sie Ihre Gegensatzpaare

Konzentrieren Sie sich. Entwickeln Sie ein Gefühl für die folgenden Gegensätze und beschreiben Sie alle intuitiven Eingebungen.

- heiß – kalt
- Tag – Nacht
- hoch – tief
- schwer – leicht
- gut – böse
- hilfreich – schädlich
- kräftigend – schwächend
- wachsen – schrumpfen
- glatt – rauh
- klar – verschwommen
- sich entwickeln – sich zersetzen
- aufsteigen – fallen
- geboren werden – sterben
- vorwärts – rückwärts
- Anfang – Ende

Diese Übung hilft Ihnen dabei, die Symbole zu erkennen, die Ihre Intuition benutzt, um Sie auf positive oder negative Aspekte einer Frage aufmerksam zu machen. Vergessen Sie nicht, alles in Ihr Intuitionstagebuch zu schreiben.

Da Sie nun begonnen haben, Gegensatzpaare zu erkennen, wird Ihnen die nächste Übung noch die Möglichkeit geben, sie im Kontext eines Readings einzusetzen.

Übung 22

Entdecken Sie Gegensatzpaare in Ihren Readings

Sie werden jetzt fünf Fragen (die auf Seite 212 aufgelistet sind) mit Ja oder Nein beantworten.

Achten Sie bei jeder Frage auf die allererste Antwort. Fühlen Sie ein Ja oder ein Nein? Wie stark ist dieses Gefühl? Wenn Sie die Frage einige Zeit auf sich wirken lassen, ändert sich dann das Gefühl? Wenn ja, warum? Tragen Sie jede Frage auch in die Zukunft und achten Sie darauf, wie weit Sie dabei in die Zukunft blicken. Versuchen Sie dann, Signale von Ihren Gegensatzpaaren zu empfangen und beschreiben Sie diese.

Wenn Sie damit fertig sind – denken Sie daran, Sie sollten für alle fünf Fragen Signale von Gegensatzpaaren empfangen haben –, blättern Sie auf Seite 212 und schauen Sie nach, welche Fragen Sie beantwortet haben. Halten Sie Ihre Antworten in Ihrem Intuitionstagebuch unter »Übung 22« fest.

Einige Antworten von Kursteilnehmern

Damit Sie eine Vorstellung davon bekommen, wie man mit den Gegensatzpaaren arbeiten kann, lesen Sie im folgenden vier Beispiele von Kursteilnehmern:

- *Wird Henry mein einziges Kind bleiben?*
  Heiß. Stillstand. Nach oben (wie ein umgedrehter Bogen). Schwere, die in Leichtigkeit übergeht, nicht dicht. Die Frage, was in Zukunft passiert, stellt sich nicht.

- *Werde ich im September befördert?*
  Ein klares Nein. Ich setze meinen Fuß auf den Boden. Gelb. Januar. Staub.
- *Werde ich mein Haus zu dem Preis verkaufen, den ich mir wünsche oder sogar zu einem noch höheren?*
  Ja. Singen. Frühling. Leicht, aber voller Energie. Leer, aber es ist eine positive Leere. April. Geld.
- *Wird Steven mir einen Heiratsantrag machen?*
  Bedrückt. Nein, nicht im Moment. Februar. Ja.

Nützliche Tips

Wenn Sie widersprüchliche Antworten bekommen, hat sich Ihre Intuition vielleicht an gegensätzliche Aspekte derselben Frage gewandt. Manchmal zieht eine anfängliche negative Antwort Bilder nach sich, die ein Ja ausdrücken.

Wenn Sie unsicher sind, sollten Sie auf die Bilder vertrauen und nicht auf das Ja oder Nein.

Symbole für die Gegensatzpaare entwickeln

Um mit Gegensatzpaaren zu arbeiten, müssen Sie sich zunächst darüber bewußt sein, welche Symbole Sie bereits für die jeweiligen Gegensätze verwenden. Sie müssen darüber hinaus neue Symbole entwickeln, um Details zu beschreiben und um bestimmte Eindrücke zu überprüfen.

So kann zum Beispiel das Wort *hart* sowohl »fest« als auch »schwierig« bedeuten. Um entscheiden zu können, welche Bedeutung es jeweils hat, müssen Sie seine Eigenschaften in jedem Reading bestimmen:

- Zu welchem anderen Symbol eines Gegensatzpaars führt Sie dieser Begriff?
- Ist es ein positives oder ein negatives Symbol?
- Welche Eigenschaften hat es?
- Verändern sich Ihre Gegensatzpaare mit der Zeit?
- Wie verändern sie sich?

Diese Fragen werden für Sie mehr Sinn ergeben, wenn Sie Ihre intuitive Vorgehensweise erst einmal näher kennengelernt haben.

Arbeiten Sie Details heraus

Sogar eine einfache Ja-oder-Nein-Antwort beinhaltet bestimmte Details. Es ist sehr wichtig, eine Ja-oder-Nein-Antwort zu überprüfen, weil wir diese ja nicht in Form von symbolischen Fragmenten empfangen, die dem Gehirn helfen, wichtige Details zu analysieren. In einem umfassenden Reading leiten wir eine positive oder negative Antwort von den komplexen Informationen ab, die wir empfangen. Die Informationen helfen uns dabei, die Antwort zu verstehen. Bei Ja-oder-Nein-Antworten läuft dieser Prozeß rückwärts ab. Wir bekommen die Antwort sofort und müssen dann im nachhinein versuchen, sie zu erhärten. Sie werden feststellen, daß die Antwort sich dabei manchmal *verändert*.

Antwort auf **Übung 22:** Die erste Frage war Ihre Frage 2. Die zweite Frage war Ihre Frage 1. Die dritte Frage war Ihre Frage 3. Die vierte Frage war Ihre Frage 3. Die fünfte Frage war Ihre Frage 1.

Beispiel 1
Denken Sie über die folgende Frage nach: »Lohnt es sich, in Martex-Aktien zu investieren?«

> Nein. Unten. Wird in zwei Monaten auf dem Boden landen. Ja, wird zwei Wochen lang grün. Landet wieder auf dem Boden – nein.

Dieses Reading zeigt Ihnen, daß es sich im Moment nicht lohnt, in Martex-Aktien zu investieren, weil sie in den nächsten zwei Monaten fallen werden. Sie werden sich dann für zwei Wochen erholen, bevor es wieder bergab geht.

Beispiel 2
Werde ich die Stelle bekommen, für die ich am Dienstag ein Bewerbungsgespräch hatte?

> Nein. Glatt, rutschig. Zehn Tage. Hart. Definitiv, positiv. Ja, in eineinhalb Wochen.

Beispiel 3
Wird meine neue Fernsehserie ein Erfolg?

> Ein schöner dunkelblauer Behälter. Ich weiß nicht, ob es sich um eine Flasche handelt, die einen Verschluß braucht, oder um eine Vase. Sie entstand aus einem Tränenpool, der sich in einen nützlichen Gegenstand verwandelt hat. In der Vase stehen jetzt Blumen, für die es in dieser Jahreszeit eigentlich noch zu früh ist. Die Blumen sind ein Geschenk zum Valentinstag, halten sich aber nicht bis April. In diesem Monat werden neue Blumen aus der Vase herauswachsen. Ein kleiner, grüner Halbkreis aus Glas haftet an der blauen Vase und schirmt ihren Boden ab. Oktober, neues Leben wächst seit zwei Monaten heran, Strand und Arbeit. Atme tief durch und laß die Vase so, wie sie ist, ohne einen Behälter aus ihr zu machen.

Ich möchte das letzte Reading Zeile für Zeile in eine verständliche Sprache für Sie übertragen:

> Ich weiß nicht, ob diese Fernsehserie eine einmalige Chance ist. Mein Gefühl, daß dies meine »einzige Chance« ist, kommt von meiner Erfahrung und dem Schmerz, den ich noch nicht vollständig verarbeitet habe, der mir aber nützliche Talente geschenkt hat. In dieser Fernsehserie mitzuspielen, hilft mir, mich von dem einengenden Schmerz zu lösen und ihn kreativ umzusetzen. Ich muß das ganz alleine schaffen, und ab April werde ich soweit sein. Im August wird sich etwas Neues ergeben, und im Oktober werde ich es dann gerne machen. Ich muß daran arbeiten, darauf zu vertrauen, daß ich noch viele Chancen haben werde, und aufhören, mir selbst im Weg zu stehen.
>
> Das Ergebnis meiner Frage ist, daß die Serie weder ein Reinfall noch ein großer Erfolg wird. Ich selbst werde nur vorübergehend mitspielen. Wenn der Sommer zu Ende ist, werde ich einen neuen Job annehmen, der frischen Wind in meine Arbeit bringt und ihr neue Dimensionen verleiht.

Übrigens ist dies auch ein Beispiel dafür, wie man ein »professionelles« Reading gibt. Sie werden auch bald lernen, das zu tun.

24
Den eigenen Readingstil entwickeln

Gehen wir in die vollen

In diesem Kapitel werden Sie weitere Techniken kennenlernen, mit deren Hilfe Sie intuitive Informationen bekommen und interpretieren können. Beginnen wir zunächst mit einer Übung.

Übung 23
Entwickeln Sie ein Gefühl für Ihren intuitiven Stil

Wahrscheinlich wissen Sie zu diesem Zeitpunkt bereits, auf welche Weise Sie die meisten intuitiven Informationen erhalten. Sind sie überwiegend visuell oder auditiv? »Spüren« Sie die Informationen oder erhalten Sie sie, indem Sie sich Veränderungen in Ihrer Umgebung vorstellen?

Beantworten Sie für sich selbst die folgenden Fragen:

- Welche Symbole oder Bilder bedeuten in meinen Readings immer dasselbe?

- Welchen meiner Sinne setze ich bevorzugt ein?
- Welche »Störungen« treten bei mir am häufigsten auf?
- Was mache ich gegen die Störungen?
- Welchem meiner Sinne traue ich am wenigsten?
- Ändert sich mein intuitiver Stil, wenn es um verschiedene Zeitperioden geht: Vergangenheit, Gegenwart oder Zukunft?

Dies ist kein Reading, Sie können Ihre Antworten daher sofort in Ihr Intuitionstagebuch schreiben.

Hier sind meine Antworten

Wenn Sie sich über Ihren Readingstil im klaren sind, hilft Ihnen das, die Informationen, die Sie bekommen, besser zu verstehen und einzuordnen. Daher sollten Sie sich die Fragen häufig selbst stellen. Ihr Readingstil wird sich verändern, wenn Sie Ihre Intuition einsetzen und auch auf persönliche Veränderungen sowie neue Lebensbedingungen reagieren.

Wenn ich zum Beispiel eine Erkältung habe, neige ich dazu, die intuitiven Informationen vorwiegend zu *spüren* – nicht etwa zu *sehen*, was normalerweise der Fall wäre. In meinem intuitiven »Wortschatz« ist die Sonne immer ein Hinweis auf ein positives Ergebnis. Das Gefühl ist der Sinn, dem ich am wenigsten vertraue, deshalb versuche ich immer, noch einen anderen Sinn einzusetzen, um das Ergebnis zu überprüfen. Ich stelle zum Beispiel die Frage: »Stimmt das, was ich sehe, mit dem, was ich fühle, überein?«

Die häufigste Störung entsteht durch meine Zweifel. Ich

behebe sie, indem ich tief einatme und darauf achte, was mir als erstes in den Sinn kommt, bevor ich mich wieder auf die Einzelheiten meiner Frage konzentriere.

Wenn Sie mit Ihrer Intuition arbeiten, lernen Sie sich selbst kennen

Die Art und Weise, wie Sie Ihre Intuition anzapfen, ist zweifellos ganz anders als meine. Es ist wichtig, daß Sie Ihre eigene Methode entwickeln. Genauso wie Ihr intuitiver Wortschatz spiegelt Ihr intuitiver Stil Ihre Persönlichkeit wider. Und denken Sie daran, daß sich Ihr intuitiver Stil weiterentwickeln kann, wenn Sie diese verborgene Fähigkeit nutzen.

Der einzige Weg, Ihren intuitiven Stil zu entdecken, besteht darin, auszuprobieren und Fehler zu machen. Wenn Sie üben, Ihre Intuition einzusetzen, werden Sie bestimmte Begabungen und Gewohnheiten, Vorlieben und Rituale entdecken, mit deren Hilfe Sie mehr Informationen erhalten als sonst. Ein Beispiel: Sie finden vielleicht heraus, daß Sie am Morgen besser arbeiten als am Abend oder daß Sie effektiver sind, wenn Sie Ihre Augen geschlossen haben. Vielleicht merken Sie auch, daß Ihnen geschriebene Fragen lieber sind als laut vorgelesene.

Wie wir bereits festgestellt haben, kann man intuitive Informationen auf drei Hauptwegen empfangen: sehen, hören und fühlen. Kein Weg ist besser als der andere, und die meisten Menschen bedienen sich einer Kombination (obwohl normalerweise eine Art dominant ist). Ihre intuitiven Eingebungen werden vielleicht durch einen Sinn (zum Beispiel den Gesichtssinn) sehr genau übermittelt, durch einen anderen dagegen nur ungenau.

Intuitive Stile können sehr individuell sein. So kann es sein, daß Sie sehr erfolgreich Namen herausfinden, bei Zahlen und Daten jedoch völlig erfolglos bleiben. Das hängt aber auch zu einem großen Teil davon ab, wie Sie Ihre Intuition »dirigieren«. Wenn Sie eher ein melancholischer Mensch sind, wird sich Ihre Intuition vorwiegend auf die Vergangenheit konzentrieren. Demgegenüber steht für einen paranoiden Menschen, die Zukunft im Mittelpunkt.

Worauf richtet sich Ihre Aufmerksamkeit für gewöhnlich? Wenn Sie sich dessen bewußt sind, haben Sie schon ein gutes Indiz dafür, worauf Ihre Intuition sich am meisten konzentrieren wird. Jemand, der die Zukunft besonders gut vorhersehen kann, hat möglicherweise Schwierigkeiten damit, etwas über die Vergangenheit oder Gegenwart zu erfahren.

Hilfsmittel und Techniken für die Intuition

Einige Menschen, die mit ihrer Intuition arbeiten, haben das Gefühl, daß sie bessere Ergebnisse erhalten, wenn sie beispielsweise das *I Ching*, Tarotkarten, Astrologie oder andere Techniken (sogar die Verwendung von Teeblättern) miteinbeziehen. Diese Methoden können unstrukturierten Informationen einen gewissen Rahmen geben. Allerdings erhält man dadurch keinen sehr guten individuellen Rahmen. Wir alle haben das Potential, unseren ganz persönlichen Rahmen zu entwickeln, und mit etwas Geduld wird das auch Ihnen gelingen.

Bei bestimmten Techniken, zum Beispiel beim Kartenlegen, muß man außerdem sehr vorsichtig sein, weil man dabei oft seltsame Ergebnisse erhält. Häufig interpretiert man das, was man hofft oder befürchtet, »in die Karten hinein«. Kompliziertere Techniken wie das *I Ching* sind in dieser Hinsicht besser, weil sie unkontrollierter ablaufen. Je mehr der Zufall eine Rolle spielt, desto wahrscheinlicher ist es, daß eine Methode funktioniert.

Der wesentliche Unterschied zwischen der Intuition und diesen anderen Techniken, mit denen man etwas herausfinden oder vorhersagen kann, ist, daß Sie bei der Intuition keine »äußeren« Hinweise verwenden, die Sie in die Irre führen könnten.

25
Readings für sich selbst oder für Freunde geben

Alle Fäden zusammenlaufen lassen

Wir haben bereits das meiste besprochen, was Sie für ein Reading für sich selbst oder für andere benötigen. In diesem Kapitel werden wir offene Fragen beantworten.

Wie in den anderen Kapiteln müssen Sie sich auch jetzt nicht alles merken, was ich sage. Lassen Sie mich folgendes noch einmal betonen: Es ist wichtig, daß Sie sich bewußtmachen, daß ich einen natürlichen Prozeß (das heißt die Intuition) absichtlich schwieriger gemacht habe, damit Ihnen klar wird, was Sie unbewußt bereits tun.

Vergessen Sie nicht, daß Sie schon intuitive Fähigkeiten haben.

Lassen Sie Ihren Readingpartner wissen, wie Sie vorgehen

Bevor Sie beginnen, sollten Sie Ihrer »Versuchsperson« mitteilen, wie Sie während des Readings vorgehen, damit es gut verläuft. Im folgenden sind einige Punkte aufgelistet, die Sie beachten sollten:

- **Abgesehen von der Frage benötigen Sie keine »hilfreichen« Informationen.** Je *weniger* Sie über ein Thema wissen, desto besser kann Ihre Intuition darauf antworten.
- **Sie haben nicht immer recht.** Intuitive Informationen sind immer richtig, aber die Interpretation kann falsch sein.
- **Ihr Gegenüber muß das Reading selbst beurteilen – und auf seine eigene Intuition hören.** Sie geben Ihrem Freund oder Ihrer Freundin Informationen, die *helfen* können, zu Entscheidungen zu gelangen. Sie treffen diese Entscheidungen nicht für Ihren Freund oder Ihre Freundin!
- **Sie sind kein Therapeut.** Es kann leicht passieren, daß Freunde »readingsüchtig« werden und mit allen Problemen zu Ihnen kommen. Wenn ein Freund oder eine Freundin mehr als ein paarmal pro Jahr zu Ihnen kommt (außer wenn es um geschäftliche Readings geht), gerät er oder sie in eine zu große Abhängigkeit.

Sie müssen Ihren Readingpartner zudem darüber informieren, ob er seine Fragen aufschreiben, laut aussprechen oder nur denken soll, und ihm alle wichtigen Aspekte, die mit Ihrem persönlichen Readingstil zu tun haben, mitteilen.

Bevor ich ein Reading für jemanden gebe, äußere ich zunächst meine »Standardwarnung«, die ungefähr folgendermaßen lautet:

> Ich werde jetzt ein intuitives Reading geben. Einige meiner Informationen werden zutreffen, andere nicht. Meine Trefferquote ist ziemlich hoch, aber wenn Ihnen irgend etwas falsch vorkommt, haben Sie wahrscheinlich recht. Sie kennen Ihre eigenen Informationen besser als irgend jemand sonst. Geben Sie diese Macht nicht

an mich ab. Sie sind hier, um eine *andere* – und nicht etwa eine »richtige« – Sichtweise zu bekommen.

Wenn Ihnen jemand erzählt, daß er mehr über Sie weiß als Sie selbst oder daß auf seine Intuition hundertprozentig Verlaß ist, dann ist es jemand, vor dem man sich in acht nehmen sollte.

Ihr Readingpartner sollte seine Fragen vorbereiten

Ihr Readingpartner sollte seine Fragen vor dem eigentlichen Reading zusammenstellen. Sie sollten ihn auch kurz darüber informieren, wie wichtig die sorgfältige Formulierung der Fragen ist.

Die Vorbereitung der Fragen hat zwei Funktionen: Zum einen gibt der Teilnehmer ein »Vor-Reading«, indem er die Fragen und Interessengebiete auswählt. Zum anderen stellt diese Vorarbeit Ihrem Unbewußten einen vorbereiteten Pool von Fragen zur Verfügung. Ich beantworte oft alle Fragen eines Klienten, der mir nur seine erste Frage stellt, weil meine intuitiven Informationen mich dann zu den anderen wichtigen Bereichen führen.

Wie Sie bereits wissen, werden die Fragen Ihres Readingpartners weitere Fragen nach sich ziehen, und bevor Sie es merken, könnten Sie in viele Lebensbereiche des Fragenden abschweifen. Betrachten Sie diese »Umleitungen« als Teil des Readings, aber sagen Sie Ihrem Freund, daß er Sie ruhig wieder auf den richtigen Weg bringen soll, wenn die Abschweifungen ihm nicht sinnvoll erscheinen.

Entspannung und Konzentration

Nachdem Sie Ihrem Readingpartner gesagt haben, wie Sie das Reading durchführen, müssen Sie Ihren intuitiven Zustand erreichen.

Setzen Sie sich bequem hin und beginnen Sie, sich zu entspannen. Atmen Sie lange und tief ein, langsam wieder aus und erlauben Sie Ihrem Bewußtsein abzuschalten. Achten Sie auf die physischen Empfindungen, in Ihrem Körper zu sein – spüren Sie Ihre Knochen, Ihre inneren Organe, Ihre Haut, Ihre Muskeln und Ihren Herzschlag, während Sie weiter tief atmen.

Spüren Sie, wie Ihr Körper sich langsam entspannt und Ihr Geist ruhiger wird. Sie müssen »Ihren Kopf« nicht »freimachen«, bevor Sie mit dem Reading beginnen. Betrachten Sie den »Müll« in Ihrem Kopf als Teil des Readings.

Machen Sie einige Minuten so weiter. Wenn Sie sich ruhig und konzentriert fühlen, sind Sie bereit, um mit Ihrem Reading zu beginnen.

Beginnen Sie sofort zu sprechen, nachdem die Frage gestellt wurde

Wie bereits gesagt: Je länger Sie auf Informationen warten, desto mehr Gelegenheit geben Sie Ihrem Verstand, sich in den intuitiven Prozeß einzuschalten.

Sie empfangen vielleicht schon Eindrücke, bevor die Frage ausgesprochen ist. Halten Sie auch diese fest. Ihre Intuition weiß, welche Frage gestellt wird, noch bevor sie formuliert wurde.

Sie erhalten vielleicht auch Eindrücke, die scheinbar nichts mit der Frage zu tun haben. So kann es sein, daß Sie beispielsweise Gerüche wahrnehmen, obwohl nach Tönen gefragt wurde.

Erzählen Sie alle Eindrücke. Eingebungen, die für Sie vielleicht keine Bedeutung haben, sind eventuell sehr aufschlußreich für Ihren Freund oder Ihre Freundin.

Lassen Sie sich nicht unterbrechen

Wenn Sie mit dem Sprechen beginnen, wird Ihr Readingpartner oft versucht sein, Sie zu unterbrechen, entweder mit einem zustimmenden »Das ist richtig! Das stimmt!« oder einem verneinenden Kopfschütteln.

Machen Sie Ihren Partner darauf aufmerksam, daß solche Unterbrechungen den intuitiven Fluß stören und daß Sie ihm von sich aus Fragen stellen werden, wenn Sie ein Feedback benötigen. Sprechen Sie so lange weiter, bis die intuitiven Eingebungen schwächer werden. Ihr Unterbewußtsein wird Sie wissen lassen, wann Ihre Intuition die Frage beantwortet hat.

Wenn Sie nichts empfangen

Es kann vorkommen, daß Ihnen eine Frage gestellt wird, und Sie »nichts empfangen«. Denken Sie in diesem Fall nicht gleich, daß Sie keine relevanten intuitiven Informationen bekommen, sondern daß alles, was Sie wahrnehmen, ein Teil der Antwort auf die Frage ist.

Wenn Sie allerdings wirklich keine greifbaren Eingebungen erhalten, sollten Sie versuchen, die Szene aus verschiedenen Perspektiven zu beleuchten. Nehmen wir an, Sie können nicht erkennen, ob Sie den Job bekommen, für den Sie sich beworben haben. Richten Sie Ihre Aufmerksamkeit dann einfach auf Ihren zukünftigen Arbeitgeber oder stellen Sie sich die Reaktion Ihrer besten Freundin vor, wenn Sie ihr die Neuigkeiten erzählen. Sie können auch fragen, ob Sie in die Stadt ziehen werden, um dort zu arbeiten.

Haben Sie keine Scheu davor zuzugeben, daß Sie nichts empfangen. Sie können ruhig darüber sprechen, was in Ihnen vorgeht. Wenn Ihr Readingpartner Sie zum Beispiel fragt, ob er nach Los Angeles ziehen wird und Sie darauf keine Eingebungen bekommen, sagen Sie einfach: »Ich empfange nichts. Ich weiß nicht, ob es daran liegt, daß wirklich nichts bei mir ankommt oder daß ich Sie nicht in Los Angeles sehe.«

Die Bilder übersetzen

Obwohl es ab und zu hilfreich sein kann, Ihre Wahrnehmungen originalgetreu weiterzugeben, so zum Beispiel, wenn Sie sagen: »Ich sehe einen Baum in einem Hof voller Mohnblumen«, sollten Sie versuchen, möglichst viele zusätzliche Informationen in einem beiläufigen Ton einfließen zu lassen, so wie Sie das auch während der Interpretation Ihrer Eindrücke tun.

Angenommen, Ihr Readingpartner erkundigt sich nach einem neuen Projekt, und Sie nehmen einen Ballon wahr, der zu groß wird und platzt. Sie könnten in diesem Fall sagen, daß etwas zu schnell expandiert. Dann können Sie dem Bericht noch einige Ihrer Bilder hinzufügen, da sie für den Fragesteller vielleicht eine konkretere Bedeutung haben als für Sie selbst. Denn wer weiß, vielleicht hat das Projekt ja mit Ballons zu tun!

Sie werden feststellen, daß es immer leichter wird, etwas wahrzunehmen und automatisch zu interpretieren – je mehr Sie Ihre intuitiven Fähigkeiten trainieren. Sie werden sogar an einen Punkt kommen, an dem Sie sich nur noch auf die Interpretation konzentrieren. Die ursprünglichen Informationen sind Ihnen dabei nach wie vor bewußt, so daß Sie sie heranziehen können, wenn Ihnen etwas unklar ist.

Übung 24

Und noch einmal die Apfelübung

Erinnern Sie sich noch an die Apfelübung, mit deren Hilfe wir den Goldpreis vorhergesagt haben (Übung 12, siehe Seite 113)? Dieselbe Technik läßt sich auf fast alle Fragen anwenden. Nehmen Sie sich die Zeit, Details wahrzunehmen, zum Beispiel, wo der Apfel ist, wem er gehört, ob er verzehrt wird, und so weiter. Sie können den Apfel als metaphorischen Rahmen einsetzen, um jedwedes Thema zu beleuchten.

In der folgenden Übung soll der erste Apfel die Gegenwart und der zweite die Zukunft oder das Ergebnis repräsentieren. Auf Seite 228 können Sie lesen, auf welche Ihrer Fragen sich diese Übung bezieht. Benutzen Sie Ihre Intuition, um sie zu beantworten, ohne vorher nachzuschauen.

Halten Sie Ihr Reading unter der Überschrift »Übung 24« in Ihrem Intuitionstagebuch fest.

Die Antwort einer Kursteilnehmerin

Lesen Sie nun das Reading und die Interpretation einer Kursteilnehmerin auf die Frage: »Werde ich mit John Kinder haben?« Auch sie wußte nicht, welche Frage sie beantwortete, bis sie am Ende des Seminars alle ihre Umschläge öffnete.

> Ein kleiner, harter, grüner Apfel. Er hat eine komische Form, sieht aber niedlich aus. Er stammt vielleicht von dem alten Holzapfelbaum, den ich im Garten habe. Er schmeckt besser, als ich dachte.
>
> Bei dem zweiten handelt es sich um einen winzigen Holzapfel. Roh schmeckt er nicht, aber man kann ein gutes Gelee daraus machen. Man muß viele von diesen Äpfeln sammeln, denn sie gehören zusammen; ich sehe drei.

Und so deutete die Teilnehmerin ihr Reading, als sie erfuhr, auf welche Frage es sich bezog:

> John ist sicherlich ein kleiner, harter, grüner Apfel. Er ist sich nicht sicher, ob er schon bereit ist, eine Familie zu gründen, aber es sieht so aus, als würden wir es wagen. Wir werden dann glücklicher sein.

Das ist eine gute Übung, um eine schnelle Antwort auf eine Frage zu bekommen. Lassen Sie sich aber nicht durch den Apfel festlegen. Sie können eine beliebige Frucht oder einen anderen Gegenstand Ihrer Wahl verwenden.

Von den Eindrücken berichten

Sobald Sie auf die Frage Ihres Readingpartners Eindrücke erhalten, werden weitere Fragen auftauchen. Versuchen Sie, von den Details zu einem Gesamtbild zu kommen. Wie bereits erwähnt, sollten Sie die Situation am besten aus verschiedenen Perspektiven betrachten.

Vergessen Sie nicht, nach *überprüfbaren* Hinweisen Ausschau zu halten, anhand derer Sie und Ihr Readingpartner die Genauigkeit der Interpretation einschätzen können.

Auf folgende Dinge müssen Sie achten

Jede Frage ist anders, aber bei Ihren ersten Eindrücken sollten Sie auf folgendes achten:

- Haben Sie bezüglich der Frage ein gutes oder schlechtes, positives oder negatives Gefühl? Versuchen Sie, ein Gegensatzpaar – zum Beispiel ein klares Ja oder Nein – auf die Frage zu bekommen.
- Auf welchen *Zeitabschnitt* richtet sich Ihre Aufmerksamkeit? Haben Sie das Gefühl, daß Sie in der Vergangenheit, der Gegenwart oder der Zukunft sind? Wenn Sie Ihre Aufmerksamkeit nach vorne in die Zukunft oder zurück in die Vergangenheit richten, ändert sich dann Ihr Eindruck?
- Nehmen Sie *Menschen* oder *Ereignisse* wahr, die mit der Frage zu tun haben? Vielleicht Namen oder Initialen?

Antwort auf **Übung 24:** Sie haben Ihre Frage 1 beantwortet.

Folgendes möchte ich nochmals betonen: Suchen Sie nach Hinweisen oder auffälligen Signalen – zum Beispiel Namen, Daten, Orten, geschichtlichen Ereignissen –, die Ihr Readingpartner überprüfen kann. So wissen Sie beide, ob Ihre Intuition auf dem richtigen Weg ist.

Weitere nützliche Fragen

Die folgenden Fragen stimulieren die Intuition. Sie können sie für Ihre Zwecke auch modifizieren.

- Welche Eigenschaften bewundere ich an diesem Menschen?
- Welche Eigenschaften bewundern die meisten Menschen an ihm?
- Was könnte mir diese Person beibringen?
- Welche Worte muß dieser Mensch hören, damit er in seinem Leben glücklicher wird?
- Welche Herausforderung sollte dieser Mensch annehmen?
- Welches Problem hat er vor kurzem bewältigt?
- Was wird sich für diese Person im nächsten Jahr zum Positiven verändern?
- Welche Menschen bereiten dieser Person Schwierigkeiten oder werden das in der Zukunft tun?
- In welcher Hinsicht wird dieser Mensch häufig falsch eingeschätzt?
- Wenn diese Person ein Tier wäre, welches Tier wäre sie und warum?

Und so weiter. Ihnen werden zweifellos im Laufe Ihrer eigenen Arbeit Variationen dazu einfallen.

Sich ein Feedback geben lassen

Sie sollten sich zwar zunächst keine Informationen oder Hinweise geben lassen, aber hin und wieder kann es hilfreich sein, wenn Sie Ihren Readingpartner bitten, die Frage klarer zu formulieren oder Ihnen dabei zu helfen, den Eingebungen einen Sinn zu verleihen.

Objektiv bleiben

Die große Herausforderung bei einem Reading besteht darin, bei brisanten oder wichtigen Fragen objektiv zu bleiben.

Ihre Freundin fragt Sie zum Beispiel, ob sie ihren Verlobten heiraten wird. Oder ob sie die gewünschte Gehaltserhöhung bekommen wird. Nehmen wir an, Sie erhalten ein Nein auf diese Fragen. Wie bringen Sie das Ihrer Freundin bei, wenn Sie wissen, daß sie nicht gut damit umgehen kann?

Für Sie selbst ist es am wichtigsten zu erkennen, **daß kein Ereignis unbedingt gut oder schlecht sein muß**. Wenn Ihre Freundin ihren Verlobten nicht heiratet oder keine Gehaltserhöhung bekommt, kann das auch eine versteckte gute Nachricht sein.

Bei anderen Gelegenheiten werden Sie Ihrem Readingpartner schlimme Nachrichten beibringen müssen, bei denen man das Positive kaum oder gar nicht erkennen kann. Selbstverständlich werden Sie so behutsam und taktvoll wie möglich vorgehen. Sie können die Informationen auch in Form von Metaphern darstellen, die sich frei interpretieren lassen. Halten Sie in jedem Fall Ausschau nach einem Lichtblick, den Sie Ihren Ausführungen hinzufügen können. Erinnern Sie Ihren Partner daran, daß Sie sich auch irren können.

Nehmen Sie sich ruhig die Freiheit, Informationen wegzulassen, die verletzend sein könnten oder deren Bekanntgabe anmaßend wäre (so wie bei medizinischen Informationen, wenn Sie kein Arzt sind). Und am wichtigsten ist, daß Sie eine Frage im Zweifelsfall nicht beantworten sollten.

Bitten Sie Ihre Versuchsperson nicht darum, Informationen zu bestätigen. Die Informationen eines intuitiven Readings, das man für jemand anderen gibt, sind häufig sehr privat. Oft versteht Ihr Partner das Reading besser als Sie, weil es dabei um sein Leben geht. Und so sollte es auch sein.

Ich erinnere mich an einen Workshop in Kalifornien. Eine der Kursteilnehmerinnen, Janet, kam sehr aufgeregt zu mir. Sie hatte ein Reading für eine andere Kursteilnehmerin, Lydia, gegeben und dabei schreckliche Ereignisse aus Lydias Kindheit intuitiv ermittelt. Ihr gesunder Menschenverstand sagte ihr, daß sie Lydia sehr beunruhigen und vielleicht bloßstellen würde, wenn sie ihr davon erzählte. Selbst wenn sie unrecht hatte, könnten die Informationen eine niederschmetternde Wirkung haben.

Ich riet Janet, die Informationen zu »vergessen« und ihre Intuition statt dessen zu befragen, welche Aspekte dieser Informationen für Lydia wichtig seien. Ohne genauer auf die Informationen einzugehen, die sie erhalten hatte, wandte sich Janet an Lydia und sagte so beiläufig wie nur irgend möglich: »Nichts, was in deiner Kindheit passiert ist, war deine Schuld.«

Lydia fing daraufhin an zu weinen. Sie erzählte Janet, daß ihre Eltern sie als Kind mißhandelt hatten. Lydia wollte mehr von Janet erfahren, aber an diesem Punkt schritt ich ein und erklärte den beiden, daß es wichtig ist zu erkennen, wann die Person, die ein Reading gegeben hat, nicht mehr weiterhelfen kann, und daß Lydia weitere Informationen zusammen mit einem Psychotherapeuten aufdecken und verarbeiten sollte.

Es gibt keine falsche Hoffnung

Hoffnung zu haben ist sehr wichtig. Man kann gleichzeitig etwas Bestimmtes hoffen und sich trotzdem objektiv und realistisch mit einer Situation auseinandersetzen.

Wenn Sie Ihre intuitiven Eindrücke interpretieren, können Ihr Wissen, Ihre Gefühle sowie Vorurteile den Prozeß beeinflussen. Wenn eine Antwort unklar ist, müssen Sie genau darauf achten, was Sie denken und fühlen und was Sie intuitiv ermittelt haben. Das, was jemand intuitiv über sich selbst und seine Umgebung herausfindet, ist in der Regel genauer als das, was Ihre Intuition darüber sagt.

Wenn Sie eine Antwort erhalten möchten, Ihre Intuition sich aber widersetzt, sollten Sie nach dem Grund fragen.

Die Intuition verfehlt manchmal ihr Ziel, und dann kommen Logik und empirische Beobachtungen ins Spiel.

So gibt es Fälle, in denen man seinen gesunden Menschenverstand, sein Wissen oder seine Logik befragen sollte, um die Antwort zu finden.

Ethische Überlegungen

Bevor ein Arzt Patienten behandelt, besucht er viele Jahre die Universität und legt dann einen medizinischen Eid ab. Ein Psychotherapeut kennt die seelischen Zusammenhänge und weiß, wie er mit seinen Patienten arbeiten muß. Ein Mensch mit intuitiven Fähigkeiten empfängt nur Informationen. Unterschätzen Sie nie die Fähigkeiten eines ausgebildeten und amtlich geprüften Spezialisten.

Ich habe Menschen oft geraten, zum Arzt zu gehen, um sich untersuchen zu lassen oder eine bestimmte Zeitspanne ihres Lebens mit Hilfe eines Therapeuten aufzuarbeiten, wenn ich ein Problem wahrgenommen habe. Aus eigenen Fehlern habe ich gelernt, daß es nicht immer nützlich und ethisch richtig ist, Informationen aufzudecken, selbst wenn sie stimmen!

Ein Reading mit Stützrädern

Meine Kursteilnehmer finden es hilfreich, wenn sie die Frage ihres Readingpartners nicht kennen. Dieser kann seine Frage auf ein Stück Papier schreiben und es demjenigen, der das Reading gibt, zusammengefaltet reichen oder sich die Frage nur denken. Allerdings empfiehlt es sich in der Regel, die Frage aufzuschreiben, weil der Readingpartner auf diese Weise gezwungen ist, seine Frage sorgfältig zu formulieren.

Readings für Gruppen

Ich arbeite nur selten mit Gruppen. Die privaten Informationen, die man in einem intuitiven Reading erhält, sollte man dem Readingpartner am besten persönlich mitteilen. Es gibt allerdings zwei Ausnahmen: Erstens, wenn ich mit einem Unternehmen arbeite und eine Gruppe von Leuten die Informationen hören muß, und zweitens, wenn ich einen Kurs gebe und die Teilnehmer konkrete Beispiele sehen müssen, um ihre Technik zu verbessern.

Viele, wenn nicht sogar alle Übungen in diesem Buch können von einer Gruppe gemacht werden, die Eindrücke auf Fragen sammeln kann. Wenn die ganze Gruppe bereits Erfahrung mit der Intuition hat, können Sie die Frage formulieren. Wenn die Übungen der Gruppe ganz neu sind, ist es besser, sie das Reading blind geben zu lassen. Jeder Teilnehmer erhält eine Frage in einem verschlossenen Umschlag, auf die er ein Reading gibt. Wichtig ist, daß er während des Brainstorming-Prozesses ohne Pause spricht. Dieses Verfahren eignet sich sowohl für private als auch für geschäftliche Angelegenheiten.

Eine Gruppenübung, die Spaß macht

Wenn Sie mit Ihrer Familie oder einer Gruppe von Freunden zusammen sind, sollte jeder seinen Namen auf ein Stück Papier schreiben und dieses in einen Umschlag stecken. Achten Sie darauf, daß die Umschläge und Zettel, auf denen die Namen stehen, alle gleich aussehen.

Mischen Sie nun die Umschläge und verteilen Sie sie dann. So weiß niemand, für wen er ein Reading gibt. Themen, die die Gruppe beschäftigen, sowie die Gruppendynamik können auf diese Weise beleuchtet werden. Darüber hinaus können die Teilnehmer häufig mehr Verständnis für die Sichtweise der anderen entwickeln. Einen besonderen Einblick erhält man, wenn man seinen eigenen Namen bekommt!

Wenn ich diese Übung in einem Workshop mache, wiederhole ich sie so häufig, bis jeder Teilnehmer ein Reading für alle Umschläge gegeben hat. Dies ist auch eine nützliche Technik zur Konfliktlösung.

Intuition und Medizin – die Geschichte einer Zusammenarbeit

Die medizinische Forschung muß einen Schritt ins Ungewisse wagen, denn zu Beginn einer Versuchsreihe von Medikamenten sind Vergiftungserscheinungen, Gegenreaktionen, die Höhe der verträglichen und trotzdem wirksamen Dosierungen nicht bekannt.

Vor zirka 18 Monaten begann ich, Laura Day bezüglich verschiedener medizinischer Forschungsprojekte, die in den Sutter Street Labors durchgeführt wurden, um Rat zu fragen. Ich erkundigte mich nicht nur nach den verschiedenen Medikamenten, die getestet werden sollten, sondern auch danach, wie die Studien durchgeführt werden sollten.

Laura leistete ihren bislang wichtigsten Beitrag im Rahmen der PEG-Interleukin II-Studien. Sie sagte die Nebenwirkungen des Medikaments – nämlich grippeähnliche Symptome sowie lokale Hautirritationen – genau voraus. Als wir die Dosierungen erhöhten, warnte Laura uns vor neurologischen Nebenwirkungen. Innerhalb eines Monats erlitt einer der freiwilligen Teilnehmer der Studie einen Schlaganfall. Wir verabreichten ab sofort niedrigere Dosierungen und konnten nachweisen, daß diese Dosis unbedenklich war.

In einem anderen Fall befragte ich Laura zu einem Präparat mit dem Namen ACC (Acetylcysteinsäure). Sie sagte vorher, daß es bei einigen Patienten Bauchschmerzen verursachen würde, und fand heraus, daß es ein wirksames Medikament gegen die HIV-Infektion ist. An der Stanford University und den Bundesgesundheitsämtern werden gerade Versuchsreihen durchgeführt, um die Wirksamkeit dieses Mittels zu beweisen.

Während der Studien zu einem Medikament, das infizierte Makrophagen und infizierte T-Zellen vernichtet (Trichosanthin), unterstützte Laura die These, daß es bei der Behandlung von Aids wirksam sei. Heute, nach zweijährigen Studien, können wir beweisen, daß dieses Medikament den HI-Virus tatsächlich vernichtet, was die wissenschaftliche Welt in Aufregung versetzt.

Das sind nur einige Beispiele, bei denen Lauras Rat mich dazu veranlaßte, langsamer vorzugehen oder mich darin bestärkte, Versuche fortzuführen, obwohl die ersten Ergebnisse nicht so vielversprechend waren.

(Aus einem Brief von Dr. Larry Waites vom 23. November 1991)

26

Mit Intuition bessere Entscheidungen treffen

Die Intuition sollte das Urteilsvermögen verbessern, es aber nicht ersetzen

Ich bin sicher, daß Sie Ihre Intuition mittlerweile gut kennengelernt haben. Vergessen Sie aber nie, daß Ihr Leben weder allein von der Intuition noch allein von der Logik bestimmt werden sollte.

Es ist ein gefährliches Mißverständnis zu glauben, daß man die Intuition dazu benutzen sollte, um Entscheidungen zu treffen. Man sollte sie am besten einsetzen, wenn man mehr darüber erfahren möchte, was man bereits weiß und fühlt. Intuitive Informationen sollten ebensowenig wie emotionale oder logische Daten isoliert betrachtet werden.

Wenn wir herausfinden, wie unsere Intuition funktioniert, können wir sie in einzelnen Fällen wirksam bei der Entscheidungsfindung einsetzen. Stehen klare, wirksame Informationen zur Verfügung, ist eine überwiegend lineare Methode vorzuziehen. Liegen dagegen nur wenige Informationen vor, oder geht es um die Frage, wie gegenwärtige Entscheidungen sich zukünftig auswirken, liefert die Intuition in der Regel bessere Ergebnisse.

Es ist daher hilfreich, Techniken zu erlernen, durch die man intuitive Eingebungen klar vom intellektuellen Denken und emotionalen Fühlen trennen kann.

Setzen Sie Ihre Intuition gezielt ein

Die moderne Psychologie arbeitet seit einiger Zeit verstärkt mit dem Prinzip der Integration. Dagegen sollten Sie versuchen, beim Einsatz der Intuition verschiedene Eindrücke – Ihre Sinneswahrnehmungen, Ihr Wissen und Urteilsvermögen, Ihre Gefühle und Ihre Intuition – auseinanderzuhalten.

Wenn Ihre Intuition Ihnen sagt, daß Sie etwas Bestimmtes tun sollen, Sie diesbezüglich auch ein gutes Gefühl haben und dieser Schritt zudem nach genauer Prüfung der Lage durch Ihr Urteilsvermögen bestätigt wird, können Sie sich ziemlich sicher sein, daß Sie die richtige Entscheidung treffen. Anstatt in der Flut vielfältiger Informationen unterzugehen, können intuitive Eindrücke mit dem, was Ihre Sinne, Ihr Verstand und Ihre Gefühle Ihnen sagen, verglichen werden. Dadurch erhalten Sie ein ausgewogenes System, mit dem Sie Ihre Entscheidungen überprüfen können.

Damit intuitive Informationen nicht verlorengehen, müssen wir unseren Verstand dazu bringen, in den Hintergrund zu rücken. In vielen Übungen habe ich Ihnen bisher empirische Daten vorenthalten. Ohne Informationen, die Sie einer logischen oder emotionalen Analyse unterziehen konnten, waren Sie gezwungen, sich auf Ihre Intuition zu verlassen.

Intuition spielt bei allen Entscheidungen eine Rolle

Auch wenn Sie sich dessen nicht bewußt sind, spielen Ihre Intuition ebenso wie Ihr Wissen, Ihr Urteilsvermögen und Ihre Gefühle bei jeder Entscheidung, die Sie treffen, eine Rolle. Sogar bei Fragen wie zum Beispiel: »Soll ich im Februar nach Florida fahren?« beziehen Sie für Ihre Entscheidung mit ein, was Sie über das Urlaubsziel Florida wissen, was Sie bei dem Gedanken, nach Florida zu fahren, für ein Gefühl haben, und dazu kommt noch – oft als etwas, das Sie nicht genau festlegen können – das, was Ihre Intuition über die Reise sagt.

Selbst wenn ich bei der folgenden Aufteilung komplexe psychologische Vorgänge vereinfache, beurteilen Sie Situationen aufgrund von vier Informationsquellen:

- was Sie darüber *wissen* (Ihr Wissen und Ihre Erfahrungen)
- was Sie darüber *denken* (Ihr Urteilsvermögen und Ihre Interpretation)
- was Sie diesbezüglich *fühlen* (Ihre Emotionen)
- was Sie darüber *intuitiv* ermitteln (Ihre Intuition)

Gibt es Informationen oder Eindrücke, die verläßlicher sind als andere? Das kann man so zwar nicht sagen, aber emotionale Eindrücke sind am wenigsten verläßlich. Ich glaube mehr an Gefühle als an Emotionen, obwohl den Emotionen in unserer Gesellschaft mehr Aufmerksamkeit geschenkt wird. *Gefühle* sind emotionale Sinne ohne Erklärung. Wir neigen dazu, Gefühle als subjektiv abzutun, dabei sind sie nicht wegzudiskutieren, und man sollte sie ernst nehmen.

Wenn man das Gefühl hat, daß man verärgert ist, ist es eine objektive Tatsache, daß man verärgert ist.

Intuitive Informationen gehen leicht verloren – lernen Sie, sie zu erkennen

Ein Grund dafür, daß Sie sich bisher vielleicht nicht bewußt darüber waren, inwiefern Ihre Intuition bei Ihren Entscheidungen eine Rolle spielt, ist, daß man sie leicht als Gefühl abtut. Wahrscheinlich gehen Sie mit Ihrer Logik schnell über die Ratschläge, die Ihnen Ihre Intuition gibt, hinweg. Der intuitive Informationsfluß, den Sie pausenlos erhalten, wird von den Informationen, die Ihre Sinne, Emotionen, Erinnerungen und Ihr Intellekt bereitstellen, überschwemmt. Das trifft besonders in Momenten der Verwirrung zu.

Anhand von Übungen und durch das Feedback, das dieses Buch Ihnen gegeben hat, haben Sie begonnen, zwischen Ihrem Wissen, Ihren Gefühlen und Ihrer Intuition unterscheiden zu lernen. Durch die Fähigkeit, intuitive Eindrücke aus dem komplexen Entscheidungsfindungsprozeß herauszufiltern, können Sie auf verläßliche Informationen zurückgreifen und müssen sich nicht blind auf ein vages Gefühl verlassen.

Wenn Sie diese Methode anwenden, um zu einer Entscheidung zu kommen, schreiben Sie auf, was Sie über das Problem oder die Fragestellung wissen, wie die Entscheidung fallen würde, wenn es nach Ihrer Logik ginge, wenn Sie auf Ihre emotionalen Bedürfnisse hören würden, und wie Sie sich entscheiden würden, wenn Sie auf Ihre Intuition hören würden. Auf diese Weise erhalten Sie eine solide Basis und können eine ausgewogene Entscheidung treffen.

Es kommt darauf an, die Intuition am Anfang vom Wissen und von den Gefühlen zu trennen und später alles zu einem Ganzen zusammenzufügen. Das ist allerdings nicht ganz so einfach. Sie müssen zunächst den Sinn der Informationen herausfinden – und dann danach handeln. Intuitive Informationen sind immer objektiv und immer richtig. Es liegt an der Interpretation, wenn sich Fehler einschleichen. Um das möglichst zu vermeiden, sollten intuitive Eingebungen anfangs von logischen und emotionalen Informationen getrennt werden, so daß sich diese verschiedenen Informationsquellen gegenseitig ergänzen können.

Einzigartig an der Intuition ist, im Gegensatz zu unserer Logik und anderen entscheidungsfindenden Prozessen, daß wir mit ihrer Hilfe sehr leicht Informationen über die Zukunft oder über Dinge bekommen können, die keinem bestimmten Schema folgen. Manchmal werden Ihre Logik oder eine bestimmte Hoffnung Ihre Intuition in Frage stellen. Da Sie Ihre intuitiven Eingebungen interpretieren müssen, ist es wichtig, daß Sie mehrere Fragen stellen, vor allem wenn Ihre Intuition, Ihr Wissen, Ihre Emotionen und Ihr Glaube zu unterschiedlichen Ergebnissen kommen.

Nun können Sie testen, wie dieser Prozeß bei Ihren drei Fragen funktioniert.

Schreiben Sie zunächst für jede Frage auf, was Ihrer Meinung nach die Antwort ist.

Als nächstes schreiben Sie für jede Frage die Antwort Ihrer Logik und Ihres Intellekts auf. Begründen Sie Ihre Antwort.

In Kapitel 29 werden wir Ihre Gedanken und Gefühle mit Ihren intuitiven Wahrnehmungen vergleichen.

27
Intuition im Beruf

Weitere offene Fragen

Sie wissen jetzt genug darüber, wie Ihre Intuition funktioniert, um sie sowohl in Ihrem privaten als auch in Ihrem beruflichen Leben erfolgreich einzusetzen. In diesem Kapitel betrachten wir Techniken, die sich besonders für geschäftliche und finanzielle Angelegenheiten eignen.

Ich habe viele verschiedene Klienten und Gruppen beraten, zum Beispiel Unternehmen, Arztpraxen, Therapiegruppen, Kapitalanleger und Familien. Viele Übungen sind auf die Fragen und Bedürfnisse der einzelnen Gruppen zugeschnitten. Es gibt unterschiedliche Vorgehensweisen, je nachdem, ob es um Umstrukturierungen innerhalb einer Firma oder um die Bearbeitung eines kreativen Projekts geht. Die Voraussetzung aber bleibt immer dieselbe: Sie müssen nur die richtigen Fragen stellen. Ich werde Ihnen gleich eine einfache Übung zeigen, die man im Familien- und Freundeskreis sowie in der Arbeit machen kann, um Strategien und Problemlösungen zu entwickeln.

Egal in welchem Bereich Sie sich besonders gut auskennen – ob in der Psychotherapie, im Haushalt, in der Medizin, beim Schreiben, in der Malerei, im Maschinenbau –, Sie selbst wissen am besten, was Sie fragen müssen. Stellen Sie Ihrer Intuition dieselben Fragen, die Sie auch an Ihren Intellekt und das dahinterstehende Wissen richten würden. Der Unterschied besteht lediglich darin, daß Sie die Grenzen der Zeit, des Raums und der Erfahrung ignorieren können.

Es ist oft hilfreich, eine Liste von Fragen aufzuschreiben, die Sie bei Ihrer Arbeit häufig stellen. Einige Fachleute wie zum Beispiel Ärzte und Börsenspezialisten haben eine Reihe von Standardfragen (Ihre Intuition wird neue aufwerfen). Wenn Sie an einem kreativen Projekt arbeiten, ist die »Quadratübung« (→ Seite 195) oft sehr hilfreich, weil Sie hierbei ein Resultat erhalten, von dem aus Sie sich zurückarbeiten können.

Wenn eine Gruppe mit Hilfe der Intuition an derselben Frage arbeitet, sind die Antworten oft sehr verschieden, schließen sich deshalb aber nicht unbedingt aus. Jeder sucht aus der Perspektive nach Informationen, die er für wichtig hält. Der Pessimist wird nach Problemen suchen, während der Optimist nach etwas Ausschau hält, das funktioniert. Einige Menschen empfangen Eindrücke, die für sie einen Zusammenhang ergeben, und andere sehen Fragmente, die widersprüchlich oder besonders wichtig sind. Es gibt so viele Readingstile, wie es Menschen gibt. Ihre Readings sind scheinbar ganz unterschiedlich, aber dieser Eindruck entsteht lediglich, weil jeder andere Aspekte der Frage intuitiv ermittelt.

Eine Nichtübereinstimmung ist für ein Reading sehr konstruktiv, weil sie dazu führt, daß die Teilnehmer die Ergebnisse genauer betrachten. Intuitive Informationen sind so umfassend und komplex, daß in einem Reading immer mehrere Informationen zusammengetragen werden können. Auf diese Weise erhält man einen ganzheitlichen Zugang zu einer Frage sowie verschiedene Handlungsmöglichkeiten, um zu einer Lösung zu gelangen.

Ein Reading im Beruf geben

Die folgende Übung demonstriert eine wirkungsvolle Technik, mit der man andere Menschen besser verstehen kann. Wie Sie sehen werden, läßt sie sich besonders gut im Berufsleben anwenden und eignet sich daher zum Beispiel für Ärzte, Therapeuten, Makler, Anwälte, Lehrer und Sozialarbeiter, die ein tiefes Verständnis für andere Menschen haben müssen.

Übung 25

Rollentausch

Tun Sie so, als ob Sie jemand anderer wären, jemand, der kompetent ist, die Frage auf Seite 246 zu beantworten. Sie müssen nicht alles über die Person wissen, die Sie darstellen, bevor Sie mit der Übung beginnen. Sie kann sich im Laufe der Übung sogar verändern.

Atmen Sie lange und tief ein. Lassen Sie den Menschen, den Sie verkörpern, sich beim Ausatmen einen Namen geben. Die folgenden Fragen sollen Sie aus der Sicht des Menschen beantworten, den Sie sich für diese Übung ausgesucht haben. Sie müssen sich die Liste der Fragen nicht merken; ich gebe sie Ihnen lediglich vor, um Ihnen zu zeigen, welche Art von Fragen Sie in dieser Übung stellen sollten.

- Beschreiben Sie sich ganz genau.
- Worauf konzentrieren Sie sich in Ihrem Leben gerade am meisten?
- Inwiefern wird sich der Schwerpunkt in Ihrem Leben in den nächsten Monaten verändern?
- Welches Gefühl haben Sie gegenüber der Welt, die Sie umgibt?
- Was brauchen Sie?
- Sind Sie auf dem richtigen Weg?

Vergleichen Sie bei der Interpretation Ihrer Antworten die ersten Eindrücke über diesen Menschen mit den letzten.

Halten Sie Ihre Eingebungen unter der Überschrift »Übung 25« in Ihrem Intuitionstagebuch fest.

Diese Technik des Rollentauschs kann problemlos variiert werden. Stellen Sie die Fragen, die Sie gerne beantwortet hätten, um besser mit einem Kunden, einem Klienten oder Patienten arbeiten zu können. Wenn Sie diese Technik anwenden, um eine Antwort auf eine Frage zu erhalten, Sie dabei aber das Gefühl haben, daß die Antwort nicht den Menschen beschreibt, auf den sich die Frage bezieht, sollten Sie die Beschreibung als *Metapher* interpretieren.

Intuition im Beruf

Beispiel 1

Sie sind ein Arzt, der eine neue Patientin »gründlich untersucht«. Sie lesen ihre Krankengeschichte und stellen dabei fest, daß sie Magen-

Darm-Probleme hat. Die Patientin hat dieselben Beschwerden wie immer. Alle bisherigen Untersuchungen auf ein Magengeschwür oder andere Ursachen waren negativ. Die Patientin spricht gut auf kleine Dosen eines Barbiturats an, das ihr voriger Arzt ihr verschrieben hat.

Bevor Sie ihr das übliche Medikament verschreiben, fällt Ihnen auf einmal ein, daß die Frau schwanger sein könnte. Sie haben zwar keine Veranlassung, eine Schwangerschaft zu vermuten, aber Sie weisen Ihre Sprechstundenhilfe trotzdem an, eine Blutprobe zu entnehmen und zu untersuchen. Ihre Patientin sieht Sie an, als hätten Sie den Verstand verloren.

Das Testergebnis ist positiv – und es ist nur gut, daß Sie Ihrer Eingebung gefolgt sind, da das Medikament, das Sie der Patientin fast verschrieben hätten, während der Schwangerschaft zu Komplikationen führen kann.

Beispiel 2

Jeder in Ihrem Investmentclub spricht über eine neue heiße Aktie. Und auch Ihr Börsenmakler hat in den letzten Wochen mehrmals angerufen, um sie Ihnen zu empfehlen. Sie fordern einen Jahresbericht des Unternehmens an und stellen fest, daß die amtlich geprüften Zahlen besser sind, als Sie erwartet haben. Trotz eines Preisanstiegs während des letzten Kaufansturms glauben Sie, daß der Aktienkurs immer noch beträchtlich steigen kann.

Jeden Tag machen Sie sich im Geist eine Notiz, daß Sie Ihren Börsenmakler anrufen wollen, um ihm zu sagen, daß er 1000 Anteile kaufen soll. Aber irgendwie vergessen Sie es doch immer wieder.

Glück für Sie. Am Ende der Woche gibt es einen Kurseinbruch. Ein Konkurrenzunternehmen wirbt plötzlich mit deutlich niedrigeren Preisen für seine Produkte, ein Börsenspezialist schätzt die Anlage auf ein-

Antwort auf **Übung 25**: Sie haben Ihre Frage 3 beantwortet.

mal viel negativer ein als zuvor, und Investmentfonds versuchen hastig, ihre Anteile loszuwerden.

Dem Himmel sei Dank, daß Sie diese Aktie nicht gekauft haben – und wenn Sie schon einmal dabei sind, danken Sie doch auch Ihrer Intuition.

28
Intuition im Privatleben

Wie ich die Intuition in meinem Leben einsetze

Ich denke, es ist am besten, wenn ich zwei Beispiele aus meinem Leben herausgreife, um Ihnen zu veranschaulichen, wie Sie die Intuition in Ihrem Privatleben einsetzen können.

Das dramatischste Beispiel hatte mit einer Reise nach Rom zu tun, die ich zu einer Zeit machen wollte, als ich noch häufig von New York nach Italien pendelte. Ich hatte die Reise ganz sorgfältig geplant, so daß ich so lange wie möglich in Rom bleiben und gleichzeitig zwei Termine einhalten konnte, die ich jeweils vor und nach meiner Reise in New York hatte. Kurz vor meiner Abreise hatte ich ein ungutes Gefühl, New York in einer solchen Hetze zu verlassen.

Am Tag vor meiner Abreise entschloß ich mich also, den Flug um einen Tag zu verschieben – und mußte dafür einen beträchtlichen Aufpreis bezahlen. Zwei Tage später erreichte mich die folgende Nachricht im Flugzeug: Wir würden mit Verspätung in Rom landen, da es am Flughafen zu Verzögerungen gekommen war. Der Grund? Es hatte eine wilde Schießerei mit einigen Toten gegeben – und zwar genau zu der Zeit, zu der ich ursprünglich gelandet wäre!

Wäre ich erschossen worden, wenn ich meinen Flug nicht verschoben hätte? Das kann ich natürlich nicht mit Sicherheit sagen, aber ich hätte es nicht gerne darauf ankommen lassen. Meine Intuition war jedenfalls so stark, daß ich bereit war, meine Reise trotz erheblicher Kosten zu verschieben.

Das ist allerdings nichts, was man regelmäßig machen sollte. Ich bin zum Beispiel oft zu Zeiten nach Los Angeles gereist, für die viele Hellseher ein Versinken Kaliforniens im Pazifik vorhergesagt hatten, so daß der Bundesstaat Nevada ans Meer angrenzen würde. Ich gebe auf mich acht. Wenn ich keine Informationen bekomme, die mir raten, meine Ab- oder Ankunftszeiten zu ändern, dann tue ich es auch nicht. Ich habe einige Erdbeben erlebt, aber bisher mußte ich meine Schwimmfähigkeiten nicht unter Beweis stellen.

Ich erinnere mich an ein Reading, das ich mir vor zehn Jahren selbst gegeben habe, als ich gerade in Italien war. Ich erhielt intuitiv die Informationen, daß meine New Yorker Wohnung ausgeraubt wurde. Ich hörte das Lied »Oh! Susanna« im Hintergrund. Ich sah, daß ein Freund, der sich um meine Wohnung kümmern sollte, nicht aufpaßte. Ich nahm mir vor, ihn auf seinen dicken Bauch anzusprechen, obwohl er eigentlich ganz dünn war. Ich hatte außerdem in der vorherigen Nacht geträumt, daß der Schwanz meiner Katze gekrümmt war.

Ich rief in New York an, um mich nach der Wohnung zu erkundigen, und der Freund erzählte mir, daß er eine Freundin namens Susie hingeschickt hatte, um die Blumen zu gießen und die Katze zu füttern, da er gerade erfahren hatte, daß seine Partnerin schwanger war, und beide deshalb ziemlich schockiert waren. Ich fragte ihn, ob Susie, die ich nicht kannte, schon in der Wohnung war, worauf er mir sagte, daß er ihr erst diesen Morgen die Schlüssel hinterlegt hatte. Ich sagte ihm, daß er die Schlüssel wieder holen und sie meiner Freundin Paola geben sollte. Dann rief ich Paola an und bat sie, die Schlösser auswechseln zu lassen. Eine Woche später rief sie mich an, um mich darüber zu informieren, daß sie meine Katze zum Tierarzt gebracht hatte – sie hatte sich den Schwanz in der Tür eingeklemmt und mußte nun einen dicken Verband tragen.

Obwohl ich nicht weiß, ob alle Einzelheiten meiner intuitiven Reise nach Hause richtig waren, glaube ich, daß es vernünftig war zu verhindern, daß Susie meine Wohnung betrat, wenn man bedenkt, wie genau und zutreffend meine anderen Eingebungen waren.

Ein Reading und ein Traum waren in diesem Fall sehr aufschlußreich für mich.

Die Intuition kann Ihr Leben auf vielfältige Weise bereichern, wenn Sie sie zum Beispiel durch eine Übung in Ihren Trainingsablauf einbeziehen. Ich mache gerne morgens eine intuitive Übung. Oft stelle ich eine vage Frage wie zum Beispiel: »Wie geht es mir?« oder: »Was soll ich tun, um den heutigen Tag besser zu gestalten?« Manchmal bereite ich am Anfang der Woche eine Anzahl von Fragen vor, stecke sie in Briefumschläge und beantworte sie blind. Ich schreibe immer 14 Fragen pro Woche auf, so daß ich auch gegen Ende der Woche nicht weiß, welche Fragen ich beantworte. Ich stecke auch oft dieselbe Frage in verschiedene Umschläge.

Sie können diese Übung mit einem Freund, einer Freundin oder mit ihrem Partner machen, indem Sie zu Beginn der Woche Ihre Umschläge austauschen und sich täglich gegenseitig Readings geben. Das kann Ihnen ein Gefühl für den

Tag, für Ihr Leben und für sich selbst vermitteln. Auf diese Weise konzentrieren Sie sich darauf, was Ihnen wirklich wichtig ist. Es hilft Ihnen außerdem, sich eine Menge Ärger zu ersparen. Wenn ich ein Bild anschaue und denke: »Es könnte herunterfallen«, unternehme ich möglichst schnell etwas und repariere es, bevor das passiert. Es gibt nichts Frustrierenderes, als im nachhinein sagen zu müssen, daß man recht hatte, wenn etwas Unerwünschtes geschehen ist.

Die Kreisübung

In Kapitel 21 habe ich Ihnen die Quadratübung vorgestellt. Mit Hilfe eines Quadrats konnte man die Entwicklung von Ereignissen beobachten, um schließlich ein bestimmtes Ergebnis zu erhalten. Mit der Kreisübung betrachtet man eine Frage, indem man interne und externe Faktoren, die die Situation beeinflussen, detailliert beschreibt.

Wenn Sie lieber mit einem konkreten Bild arbeiten, zeichnen Sie einfach einen Kreis.

- Sie sind das Zentrum des Kreises.
- Die äußeren Einflüsse und Ihre Umgebung liegen außerhalb der Kreislinie.
- Die Kreislinie selbst ist die Grenze zwischen Ihnen und den äußeren Einflüssen.
- Schütteln Sie den Kreis, damit die verschiedenen Perspektiven miteinander verschmelzen und Sie ein Ergebnis oder einen Überblick über die Situation bekommen können. Wie sieht jetzt das Innere des Kreises aus? Und wie das Äußere? Wie sieht die Grenze dazwischen aus?

Übung 26

Die Kreisübung

Sie beantworten jetzt die Frage, die auf Seite 254 steht.

Stellen Sie sich jetzt vor, Sie wären das Zentrum des Kreises. Erlauben Sie sich, ein Bild zu empfangen, das Sie selbst beschreibt. Wie sieht dieses Bild aus ?

Lassen Sie in Ihrer Vorstellung um sich herum eine Umgebung entstehen. Beschreiben Sie, wie es in der Mitte des Kreises aussieht. Beschreiben Sie dann, was Sie um sich herum wahrnehmen.

Stellen Sie sich nun vor, daß Sie die Kreislinie sind. Beschreiben Sie sich.

Stellen Sie sich vor, daß Sie das, was außerhalb des Kreises ist, wahrnehmen können. Beschreiben Sie die Umgebung. Wen oder was finden Sie hier?

Stellen Sie sich vor, Sie stehen außerhalb des Kreises und schauen von dort aus hinein. Wie sieht der Kreis aus dieser Perspektive aus?

Halten Sie Ihre Antworten in Ihrem Intuitionstagebuch unter der Überschrift »Übung 26« fest. Wenn Sie fertig sind, können Sie auf Seite 254 lesen, welche Frage Sie beantwortet haben.

Die Antwort einer Kursteilnehmerin

Hier ist die Antwort einer Kursteilnehmerin auf eine Frage in einem verschlossenen Umschlag:

Das Zentrum des Kreises (Sie selbst): Blauer Samt; die Oberfläche weiß nicht, in welche Richtung sie sich streichen lassen soll. Der

Stoff ist empfindlich, man kann ihn leicht kaputtmachen und nur schwer wieder reparieren. Das erzeugt Angst, aber auch Tiefe. Unter dem Stoff ist es ruhig. Ich möchte dort hingelangen und das Innere so umgestalten, daß der Stoff selbst überflüssig wird. Innen ist alles in Ordnung.

Das Äußere des Kreises (Ihre Umgebung und äußere Einflüsse): Das Äußere des Kreises drängt nach innen. Ich versuche herauszufinden, um welche Frage es sich handelt; ich bekomme einen Namen mit *M*, der mit Feindseligkeit verbunden ist. Das Äußere kämpft mit sich selbst um den Kreis, ohne ihn richtig zu berühren. Der Kreis ist aufgrund eines äußeren Konflikts unter Druck. Jetzt sehe ich einen Riß im Kreis und etwas Schwarzes, das versucht hineinzukommen und den blauen Samt zu verdunkeln. Ich sehe den Januar, vielleicht den 11. Januar. Ich sehe, wie das Schwarze das Blaue einkreist, aber es verschlingt es nicht. Das Blau wird intensiver, und das Schwarz löst sich über dem Blau auf. Ich sehe Frühlingsblumen. Das Blau wird etwas schwächer, da es den ganzen Kreis wieder füllt, aber in der Mitte ist die Farbe immer intensiver. Ich frage mich, wann das Blau wieder gleichmäßig sein wird. Ich sehe, wie es sich im August in ein wunderschönes Violett verwandelt, ohne das dem Frühling eigene Wachstum zu verlieren; es wird vielmehr in etwas umgewandelt, das eher zu dieser Jahreszeit paßt. Das Violett führt zu einem Altar im September oder frühen Oktober.

Die Kreislinie (was zwischen Ihnen und den äußeren Einflüssen liegt): Ich merke, daß es Schwierigkeiten gibt; das Harte auf der äußeren Seite trifft auf ein zurückweichendes Inneres, und wo immer das Zentrum nachgibt, kann das Äußere die Kreislinie eindrücken, bis sie reißt. Ich möchte die Linie nicht härter machen; ich möchte die Dichte und Entschlossenheit des Kreisinneren erhöhen, bis der Rand so sehr unterstützt wird, daß die Linie, die die Grenze markiert, nicht mehr nötig ist. Während ich das sage, wird mir klar, wie schwierig das ist. Also suche ich nach einer Alternative. Sie könnte darin bestehen, den Rand so strahlen zu lassen, daß er die Eindringlinge blendet. Ich suche nach Möglichkeiten, das zu erreichen. Ich kann es schaffen, indem ich ruhig bleibe. Ich empfange den Namen Jody oder einen anderen Namen mit J.

Den Kreis schütteln (die Informationen zusammenfließen lassen, um ein Ergebnis zu erhalten): Ich sehe einen Vulkan, der ausgebrochen ist, und einen Monat mit A – April. Ich sehe die Berge und einen neuen Ort, eine Reise um den Vulkan, der jetzt tot ist und nie wieder ausbrechen wird. Der Vulkan starb eigentlich im Frühling, aber ich habe bis jetzt meine Energie nicht zurückbekommen. Der letzte Ausbruch ereignete sich am 8. Januar. Das Äußere des Kreises ist kein Thema mehr. Der Rand und das Zentrum sind eins. Ich befinde mich in einem völlig anderen Kreis.

Im folgenden lesen Sie, wie die Teilnehmerin ihr Reading deutete, nachdem sie den Umschlag mit der folgenden Frage geöffnet hatte: »Wird sich meine Arbeitssituation ändern?«

Sie könnten mich mit einer Feder umwerfen! Wenn ich an dieses Reading glaube, sieht es so aus, als würde ich meinen Job aufgeben! Das ist schon eine Weile eine geheime Fantasie von mir, aber ich zögere sehr, was auch in anderen Lebensbereichen ein Problem ist. Der erste Teil beschreibt genau, wie ich mich fühle. Was ich tue, gefällt mir, aber ich stelle zu viele widerstreitende Persönlichkeiten in meiner Arbeit dar. Ich weiß ganz genau, wer die Person mit dem M ist.

Aufgrund meiner Unentschlossenheit fällt es mir in der Arbeit schwer, meinen Standpunkt zu vertreten. Ich entscheide mich eigentlich nie richtig für eine Handlungsweise, noch verfolge ich et-

Antwort auf **Übung 26**: Sie haben Ihre Frage 2 beantwortet.

was konsequent. Daher ist es leicht für andere, »mich herumzuschubsen«. Ich glaube, dieses Reading zeigt mir, wie ich einen Weg finden kann, meine Meinung zu vertreten.

Es zeigt mir auch, daß die Arbeitssituation sich bis Frühling verbessern wird, aber ich werde sowieso ungefähr im August kündigen. Es könnte sogar sein, daß ich entlassen werde. Ich habe das Gefühl, daß viele Flecken irgendwann im Januar, Anfang Januar, auftauchen. Es sieht nicht so aus, als könnte ich viel an meiner Situation ändern, außer mich vielleicht mit größerer Entschlußkraft und Entschlossenheit zu schützen.

Wenn ich im August keine neue Stelle habe (das violette Zentrum), wird das sicher bis Herbst geschehen (der Altar). Wenn ich meinen Job nicht hätte, würde ich mir überlegen, ob ich nach Hawaii zurückziehe, wo ich aufgewachsen bin. Als ich um die Zwanzig war, bin ich nach Kalifornien gezogen. Ich hatte nie die Absicht, lange zu bleiben, aber jetzt bin ich schon über zehn Jahre hier.

Ein nützlicher Tip

Sie können diese Übung auch rückwärts machen, indem Sie zuerst in die Zukunft schauen (»den Kreis schütteln«) und dann fragen, was die verschiedenen Elemente des Kreises benötigen, um ein positives Ergebnis zu erzielen.

29

Ein letzter Blick auf Ihre drei Fragen

Halten Sie Ihr Intuitionstagebuch und Ihre Aufzeichnungen bereit

Beginnen Sie jetzt damit, Ihre Readings zu den jeweiligen Fragen zu systematisieren. Wenn Sie Ihre Interpretationen von einigen Readings noch nicht aufgeschrieben haben, sollten Sie das nun tun, bevor Sie weitermachen. Betrachten Sie jedes Reading als vollständige Antwort und lassen Sie zum jetzigen Zeitpunkt Ihre anderen Antworten Ihre jeweilige Interpretation nicht beeinflussen. Wenn Sie alles aufgeschrieben haben, können Sie nun beginnen, alles zu einer »Antwort« zusammenzufassen. Fangen wir also an.

Lesen Sie jetzt die ursprünglichen Informationen zu Frage 1 sowie Ihre Interpretationen dazu und machen Sie sich Gedanken über die folgenden Fragen:

- Stimmen alle Ihre Readings überein? Wenn nicht, beleuchtet eine Abweichung vielleicht andere Möglichkeiten?

- Gehen Ihre Antworten direkt auf die Frage ein oder beziehen sie sich eher auf andere Lebensbereiche?
- Inwiefern ähneln sich die Eindrücke (gemeint sind die Informationen vor Ihrer Interpretation)? Welche Namen, Zeitabschnitte, Orte, Gefühle, und so weiter stimmen überein?
- Inwiefern decken oder unterscheiden sich Ihre Readings mit Ihrer emotionalen und intellektuellen Einschätzung der Situation?
- Verwenden Sie nun die Antworten auf diese und andere Fragen, die Ihnen in den Sinn kommen, um eine umfassende Interpretation zu liefern. Drücken Sie die Antwort dann in einer verständlichen Sprache aus, als ob Sie das Ganze einem Fremden vermitteln wollten, der nicht an die Intuition glaubt. Das haben Sie bei Ihren Interpretationen der einzelnen Readings bereits geübt, die Sie bisher gegeben haben.
- Untersuchen Sie, inwiefern sich Ihre Readings unterscheiden, falls das der Fall ist. Nutzen Sie die Unterschiede als ein Reading über die Möglichkeiten, die Sie haben, um sich mit der Frage auseinanderzusetzen.

Wenden Sie diese Vorgehensweise auch auf Ihre zwei anderen Fragen an.

Wenn Sie Ihre Antwort auswerten, müssen Sie sich fragen, welche anderen Fragen sie hervorruft. Suchen Sie dann in Ihren ursprünglichen Notizen nach den Antworten. Sammeln Sie jetzt alle Informationen, die Sie haben. Anhand der Readings, die sich auf Vergangenheit, Gegenwart und Zukunft beziehen, sollten Sie Ihre Informationen jeweils einem der zeitlichen Abschnitte zuordnen (Vergangenheit, Gegenwart oder Zukunft).

Nehmen wir uns etwas Zeit, um Ihre Informationen in ihrer Gesamtheit zu interpretieren. Wenn Widersprüche sichtbar werden, sollten Sie überlegen, ob die Readings Informationen enthalten, die diese Diskrepanz erklären könnten. Vielleicht wissen Sie auch etwas über die Situation, die den Widerspruch verständlich werden läßt?

Wenn Sie mit dem Ergebnis nicht zufrieden sind – gibt es in Ihren Readings irgendeine Information darüber, wie man das Resultat ändern könnte? Innerhalb welcher Zeit und durch welche Handlungsweise wäre eine Änderung möglich?

Alle Fäden zusammenlaufen lassen

Nachdem Sie nun alle Übungen in diesem Buch gemacht haben, verfügen Sie über eine Menge Informationen zu Ihren Fragen. Fügen Sie alle Notizen zusammen, indem Sie Ihre gesammelten Antworten jeweils der entsprechenden Frage gegenüberstellen. Beantworten Sie mit Hilfe Ihrer Readings die folgenden Fragen:

- Was haben alle Ihre Readings zu einer bestimmten Frage gemeinsam?
- Was sagen sie Ihnen darüber, wie Ihre Frage beantwortet werden kann?
- Bieten sie Ihnen irgendwelche Perspektiven?
- Welche neuen Fragen lösen sie aus?

Sie werden wahrscheinlich feststellen, daß Ihnen die Antworten auf jede Frage viele zusätzliche Informationen – die nichts mit Ihrer Frage zu tun haben – über Ihr Leben und wie es sich verändert, liefern. Sie können diese umfassenden Informationen verwenden, um bessere Entscheidungen zu treffen. Nehmen Sie alle Informationen, die Sie bekommen haben, zur Kenntnis, um Auswahlmöglichkeiten statt Antworten zu bekommen.

30
Gedanken über die Intuition, die Wirklichkeit und über den Zustand unserer Welt

Einige Abschiedsgedanken

Mit diesem Buch wollte ich Ihnen dabei helfen, eine vergessene Fähigkeit wiederzuentdecken und sie in ein nützliches Instrument zu verwandeln. Ich verfolgte damit also ein ganz praktisches Ziel.

Aber, wie bereits in Kapitel 10 angesprochen, hat die Existenz der Intuition weitreichende Auswirkungen auf unsere Sicht der Welt. Ich weiß nicht, auf welche Weise die Intuition funktioniert, aber die Tatsache, daß sie funktioniert, sagt uns etwas über unsere Existenz und das Leben.

Ich möchte Ihnen nun einige Gedanken mitteilen, über die Sie in den nächsten Wochen und Monaten nachdenken können.

Warum wir intuitive Fähigkeiten besitzen: Eine »wissenschaftliche« Hypothese

Wie unsere anderen Sinne dient die Intuition in erster Linie dem Überleben. Sie hat die Aufgabe, uns unverzüglich Informationen bereitzustellen. Als das tägliche Überleben noch unsicherer war, hing das Leben eines Menschen erheblich davon ab, wie gut er sich an die Umweltbedingungen anpassen konnte. Menschen, die ausgeprägte intuitive Fähigkeiten besaßen, hatten eine viel größere Überlebenschance.

Wir neigen dazu, uns auf unsere »weiterentwickelten« und »zivilisierten« Sinne zu verlassen, aber unsere verläßlichsten Sinne sind diejenigen, die sich als erste entwickelt haben. Unser Tastsinn entwickelt sich vor dem Gesichtssinn, unser Intellekt dagegen entsteht erst zum Schluß. Die Natur sagt uns, worauf wir uns verlassen können, wenn es ums Überleben geht – und wir sind nicht ohne Grund mit intuitiven Fähigkeiten ausgestattet.

Die meisten unserer Lebensfragen beziehen sich auf die Zukunft, und die Intuition – die ja in erster Linie dem Überleben dient – eignet sich besonders zur Beantwortung dieser Fragen.

Die Intuition ist ein Sinn (vielleicht besteht sie auch aus mehreren Sinnen), der speziell darauf ausgerichtet ist, Informationen zu sammeln, die wir nicht aus unserer unmittelbaren Umgebung beziehen können.

Bei den meisten Menschen läuft dieser Prozeß unbewußt ab und wird häufig durch das logische Denken sowie emotionale Muster gestört. Wenn wir uns der intuitiven Informationen bewußt werden, bevor wir unbewußt danach handeln, können wir diese wertvollen Daten über unser emotionales Bewußtsein hinaus auf die Ebene unseres Intellekts bringen und somit überlegtere Entscheidungen treffen. Indem wir intuitive Informationen von Gefühlen und rationalem Denken trennen, die in ihren Annahmen richtig oder falsch sein können, wird die Intuition ein nützliches Instrument für uns.

Gedanken zur Gemeinschaft

Der Körper ist eine Art Gemeinschaft aus Zellen und körperlichen Erfahrungen, der Geist ist eine Gemeinschaft aus Gedanken und Erinnerungen, und die Gefühle sind eine Gemeinschaft aus Erfahrungen und Reaktionen auf diese Erfahrungen. Ein einzelner Mensch setzt sich aus all diesen Komponenten zusammen, die mehr oder weniger gut zusammenarbeiten.

Wir haben Beziehungen mit Menschen, die ihrerseits vielen verschiedenen Gemeinschaften angehören, zum Beispiel in der Arbeit, dem sozialen Umfeld, der Familie, der Politik, und so weiter.

Nehmen wir uns einen Augenblick Zeit, um uns unsere Beziehungen zu verschiedenen Gruppen anzusehen. Wir haben unseren Körper, unseren Geist und unsere Gefühle an Ärzte, Psychiater und Kirchen oder politische/ideologische Organisationen abgegeben. Wir gehen zu einem Medium, um den Engel Gabriel das zu fragen, was wir bereits wissen und was wir sehen könnten, wenn wir in uns selbst suchen würden, wo alle Antworten zu finden sind. Wir bezahlen für all das einen hohen Preis und bewegen uns dabei außerhalb oder am äußersten Rand derjenigen Gemeinschaft, der wir eigentlich angehören.

Ich will damit nicht sagen, daß all diese Fachleute und Institutionen unnötig sind oder daß sie keine wertvollen Dienste leisten, aber wir nehmen ihre Dienste in Anspruch, obwohl wir nicht einmal unsere Nachbarn kennen.

Als ich in mein kleines Viertel in Rom zog, lockte mich etwas in dieses »Ghetto«, was ich damals nicht in Worte fassen konnte: Es war die Tatsache, daß man in diesem Viertel einen Freund anrief, dessen Onkel Elektriker war, wenn das Licht nicht funktionierte. Und wenn man sich krank fühlte, rief man zuerst seinen Nachbarn an und erst dann den Arzt.

Der Einsatz von Intuition und Heilkräften, die Erkenntnis, daß wir alle diese Fähigkeiten besitzen und daß es eigentlich keine Experten gibt, geben dem einzelnen die Verantwortung für sich selbst und für sein Leben zurück. Jeder einzelne kann die Verantwortung dafür übernehmen, welchen Sinn er seinem Leben gibt, wie er lebt und wie er sein Leben erhält, ob es nun um Körperzellen oder um die Gestaltung von Beziehungen geht.

Wenn ich Ihnen in diesem Buch nur eine Botschaft mitzuteilen hätte, würde diese nicht lauten: »Sie haben intuitive Fähigkeiten«, sondern: **Wir sind alle viel öfter in der Lage, zu helfen, als uns bewußt ist.** Daher kann Ihr Nachbar Ihnen weit mehr geben, als Sie vielleicht vermuten. Helfen Sie anderen, aber bitten Sie auch um Hilfe. Segnen Sie die Gemeinschaft der Menschen, in der Sie gerade leben, indem Sie viele Dinge mit ihr teilen.

Ist unser Leben vorherbestimmt?

Eine häufige Frage, die sogar Menschen mit ausgeprägten intuitiven Fähigkeiten stellen, lautet: »Wenn ich Ereignisse vorhersagen kann, bedeutet das, daß alles vorherbestimmt ist und vom Schicksal abhängt?«

Wenn Sie mich davon überzeugen könnten, daß alle Ereignisse und Handlungen vorherbestimmt sind, würde ich nie mehr ein Reading geben. Ich würde einfach mein Leben leben. Auf viele Dinge haben wir keinen Einfluß (so zum Beispiel darauf, wann und wo ein Erdbeben auftritt), aber es gibt auch viel, was wir beeinflussen können – so müssen wir uns an dem entsprechenden Tag ja nicht unbedingt im Epizentrum aufhalten.

Der Einsatz von Intuition erweitert unseren Einflußbereich, unseren Erfahrungshorizont sowie unsere Möglichkeiten. Wenn Sie ein Ereignis in der Zukunft vorhersehen und/oder eine Kette von Ereignissen, die dazu führt, können Sie sich bewußt dafür entscheiden, zusätzlich eine andere Zukunft zu erschaffen, wenn diese Möglichkeit innerhalb Ihres Einflußbereichs liegt. Falls das nicht der Fall ist, können Sie sich für eine andere Reaktion oder Handlungsweise entscheiden. Sie haben das bereits im Rahmen der Übungen in diesem Buch gemacht.

Etwas vorherzusehen bedeutet nichts anderes, als zu erkennen, was mit größter Wahrscheinlichkeit eintreten wird. Vorhersagen treffen häufig zu, weil jedem System (das der Menschen eingeschlossen) bestimmte Gesetzmäßigkeiten zugrunde liegen. Menschen erzählen mir immer wieder von Vorhersagen, die ihnen Angst einjagen, wie zum Beispiel die folgende: »Sie sagte mir, daß ich im Juli einen Autounfall haben werde.«

Ich hätte in so einem Fall folgende Fragen gestellt:

- Wann im Juli?
- Welche Farbe hat das Auto?
- Wer fährt?

- Wie schlimm ist der Unfall?
- Wer ist bei mir?

Und ich würde sicherlich nicht vergessen, die naheliegendste Frage zu stellen: Wie kann ich diesem Ereignis aus dem Weg gehen?

Die kollektive Erschaffung der Wirklichkeit

Die Vorstellungskraft ist der Pfad zu den Quellen des Geistes und der Erfahrung. Sie beinhaltet die Fähigkeit, etwas zu erschaffen und zu verschönern. Wir erschaffen etwas aus unserer Erinnerung, unseren Erfahrungen und den Informationen, die wir aus dem kollektiven Unterbewußtsein beziehen sowie aus dem, was ich »kollektives Bewußtsein« nennen möchte.

Das kollektive Bewußtsein basiert auf der Überzeugung, daß unsere Handlungen – individuelle und kollektive, als Planet und als System – ein Muster und eine Richtung entstehen lassen, sie unterbrochen und umgeleitet werden, durch die Bewegungen der Vergangenheit und der Gegenwart festgelegt werden – es sei denn, es kommt zu Störungen und »Umleitungen«.

Stellen Sie sich einen Ball vor. Sie stoßen ihn an, und er rollt in die gewünschte Richtung. Wenn Sie das Gelände kennen (die Hindernisse, auf die er trifft) sowie die Anfangsgeschwindigkeit des Balls, können Sie mit großer Wahrscheinlichkeit vorhersehen, wo er ankommen wird.

Stellen Sie sich jetzt Tausende von Bällen vor, die in alle möglichen Richtungen rollen. Wenn Sie wissen, von welchem Ort sie losgerollt sind, wissen Sie auch, mit welcher Geschwindigkeit und an welcher Stelle Ihr Ball auf einen anderen treffen und seine Richtung ändern wird. Sie verfügen zudem über Informationen, die Ihnen ermöglichen, die Richtung eines Balls zu ändern. Sie können sogar die Richtung aller Bälle, mit denen Ihr Ball direkt oder indirekt in Kontakt kommt, ändern, indem Sie nur einen Ball verändern.

Die Realität ist nichts anderes als ein Konsens.

Alle Dinge sind miteinander verbunden

Wenn Intuition irgend etwas veranschaulicht, dann ist es die Verbundenheit aller Dinge untereinander. Gemäß C.G. Jungs Aussage über die Synchronizität, ist alles auf einer bestimmten Ebene miteinander verbunden. Das einzige, was fehlt, ist eine Frage – die richtige Frage. Hellseherische Fähigkeiten haben nichts mit religiösem oder spirituellem Glauben zu tun, obwohl die Offenheit, die das Intuitionstraining häufig erzeugt, dabei helfen kann, Führung auf dem eigenen spirituellen Weg zu finden.

Nur langsam entsteht eine Ethik, die der rasanten Entwicklung der Technologie in den letzten fünfzig Jahren gewachsen ist. Langsam lernen wir, die wunderbaren Fortschritte, die wir gemacht haben, zu nutzen, ohne dabei uns selbst und unseren Planeten zu zerstören. Das »Gebäude« ist zu hoch geworden, und wir kehren gerade, wenn auch mit Widerwillen, zum Erdgeschoß zurück, um das Fundament zu stärken. Das wirft Fragen darüber auf, wie wir die technischen und natürlichen Ressourcen nutzen und auf welche Weise wir uns weiterentwickeln sollten, sowie darüber, wie wir bewahren können, was uns am wertvollsten ist. Wir müssen unsere innere Seele befragen, wie wir mit unseren materiellen Wünschen umgehen sollen. Das Materielle und das Spirituelle befinden sich auf der Suche nach einem harmonischen Miteinander.

Die Telekommunikation, immer bessere Reiseverbindungen sowie intensive Handelsbeziehungen lassen uns mehr und mehr zum Teil einer heterogenen Weltgemeinschaft werden. Im Idealfall wird uns das ermutigen, danach zu suchen, was uns alle verbindet, und unsere menschliche Seite zu beleuchten, die Fragen der Rasse, Nationalität, Religion, des politischen Systems und der Ideologie transzendiert.

Keine Schneeflocke gleicht einer anderen, aber ihre Fähigkeit, eine Gemeinschaft zu bilden, sorgt dafür, daß es schneit. Mit Hilfe der Intuition können wir nicht nur unsere Unterschiedlichkeit, sondern auch unser Einssein entdekken. Diese Suche nach Verbundenheit – mit unserem Planeten, mit Gott oder untereinander – ist meine Definition von Spiritualität.

Den Platz auf diesem Planeten miteinander teilen

Mit Hilfe der Intuition können wir nicht nur unsere Unterschiedlichkeit, sondern auch unser Einssein entdecken. Sie haben sich in diesem Buch darauf eingelassen, etwas über Ereignisse, Menschen und Entwicklungen zu erfahren, die sich außerhalb Ihres Erfahrungshorizonts befinden und die Sie und Ihren Weg beeinflußt haben. Inwiefern wirkt sich Ihre Handlungsweise auf die Welt aus?

Als Gesellschaft haben wir angefangen, ökologisch zu denken. Gleichzeitig lassen wir zu, daß die »soziale Ökologie« untergraben wird. Wir vergessen häufig, den Menschen in unserer Umgebung den erforderlichen Respekt entgegenzubringen, und wir begegnen einander zu selten auf freundliche Weise. Ich versuche immer, mich daran zu erinnern, wie wichtig es ist, den Menschen in der U-Bahn zuzulächeln, obwohl ich in New York lebe und weiß, daß ich eigentlich nicht jeden anlächeln sollte!

Ich versuche, meinem Sohn beizubringen, guten Morgen und guten Abend zu sagen, und das wirklich ernst zu meinen. Ich überlasse älteren Leuten meinen Sitzplatz (dabei vergesse ich in letzter Zeit manchmal mein eigenes Alter und biete Menschen fast gleichen Alters meinen Platz an, was erstaunte Blicke hervorruft). Wenn man sich darüber bewußt wird, welche Informationen, Gefühle und Vorstellungen anderer Menschen man intuitiv wahrnehmen kann, lohnt es sich, darüber nachzudenken, wie man anderen begegnen sollte. Mit Sicherheit teilen wir unsere guten und schlechten Erfahrungen unbewußt mit anderen Menschen.

Der Einsatz von Intuition ist ein wichtiger Bestandteil dieses Systems. Wenn wir die Intuition wieder in unseren Alltag integrieren, können wir bei vielen Entscheidungen selbst die Verantwortung übernehmen, die wir häufig an »ausgebildete« Fremde abgegeben haben. Indem wir die Intuition miteinander teilen, erhalten wir wertvolle Informationen, die außerhalb unseres Wissensgebietes liegen, und erkennen, daß wir von den Erfahrungen anderer persönlich berührt werden.

Raum und Zeit

Wenn alles miteinander verbunden ist, müssen wir unsere gegenwärtigen Vorstellungen von Raum und Zeit gründlich überdenken. Die Intuition lehrt uns, daß nichts durch Raum oder Zeit getrennt ist. Es gibt keine Vergangenheit, Gegenwart oder Zukunft. Wir treffen diese Unterscheidungen, weil wir der Welt als Menschen eine Struktur verleihen müssen – sonst würden wir alle unsere Termine verpassen!

In der heutigen Zeit haben die Menschen das Bedürfnis, wieder mit diesen nicht meßbaren, grenzüberschreitenden Phänomenen, in Kontakt zu kommen, die dem Leben einen Sinn geben. Trotzdem haben die meisten kein Vertrauen in ihre Intuition. Es ist beunruhigend, daß wir in einer Gesellschaft leben, die dem logischen Denken und dem Intellekt einen so hohen Stellenwert einräumt, daß wir einen wesentlichen Teil von uns ignorieren.

Spiritualität

Wir können unsere Intuition nutzen, um größere Klarheit über unseren Zugang zur spirituellen Welt zu erhalten. So wie die emotionale Linse, durch die wir uns und unser Umfeld wahrnehmen, bei jedem verschieden ist, sind auch die individuellen spirituellen Empfindungen für jeden Menschen einzigartig. Selbst wenn alle Menschen behaupteten, an denselben Gott zu glauben, würde jeder einzelne seine Vorstellung von Gott und dem Glauben anders beschreiben. Die individuellen Interpretationen des Glaubens eröffnen eine Tiefe, die in unseren gemeinsamen Überzeugungen eine größere Tiefe für uns alle entstehen läßt.

31
Ein Gratisangebot: Wie Sie jeden Menschen in nur fünf Minuten zu Ihrem persönlichen Hellseher machen können

Sie müssen nie mehr einen Hellseher anrufen!

Im Telefonbuch findet man zahlreiche Telefonnummern sogenannter Hellseher, die rund um die Uhr erreichbar sind. Viele ehemalige Fernsehstars der USA konsultieren regelmäßig einen »persönlichen« Hellseher, dem sie vollends vertrauen. Wenn man ihren Berichten glaubt, hat ihnen das sehr geholfen.

Die Anziehungskraft dieser teuren Art von Führung ist verständlich. Wir leben in einer turbulenten Zeit, in einer immer komplexeren Welt, und viele Menschen sehnen sich danach, daß jemand ihnen den richtigen Weg weist.

Ich möchte die Vorhersagen der telefonischen Hellseher nicht beurteilen, aber ich bin sicher, daß sie Ihnen eines *nicht* erzählen werden, nämlich, daß *jeder* das tun kann, was sie tun – mit wenig oder ganz ohne Anleitung.

Nun werden Sie vielleicht fragen: »Warum habe ich das ganze Buch gelesen und warum habe ich die Übungen so konsequent durchgearbeitet, wenn *jeder* nach einer fünfminütigen Einführung ein Reading geben kann?«

Das ist eine berechtigte Frage. Während jeder intuitive Informationen empfangen kann, muß jemand, der Erfahrung im Umgang mit der Intuition hat, diese Informationen sinnvoll interpretieren. Die besondere Fähigkeit besteht darin, Fragen richtig zu stellen und zu wissen, wie man die Antworten deuten muß.

Eine andere Person kann Ihnen helfen

Warum benötigen Sie die Eingebungen einer anderen Person, wenn es im ganzen Buch darum ging, Ihnen beizubringen, auf die eigenen Eingebungen zu achten? Kurz gesagt: damit Sie ein unvoreingenommenes Reading bekommen. Es ist nicht leicht, objektiv zu bleiben, wenn es um uns selbst geht. Wenn Sie mit einem Freund arbeiten und ihn auf subtile Art anleiten, während er »ein blindes Reading gibt«, werden Sie eine Fülle unverfälschter intuitiver Eindrücke erhalten. Wie schon gesagt, besteht Ihre Aufgabe darin, diesen Eingebungen einen Sinn zu verleihen.

Sie müssen sich übrigens nicht auf eine Person beschränken. Es gibt keinen Grund, warum Sie nicht mehrere Freunde darum bitten sollten, Ihnen ihre intuitiven Eindrücke mitzuteilen, so daß Sie die Möglichkeit erhalten, Übereinstimmungen in den Readings herauszufiltern. Wie Sie bald feststellen werden, können diese »Brainstorming-Sitzungen« viel Spaß machen.

Jeder kann Ihr Hellseher sein

Erinnern Sie sich an die zwei Teile eines Readings: Im ersten geht es darum, intuitive Eingebungen als Antwort auf eine sorgfältig formulierte Frage zu empfangen, im zweiten darum, diese Eingebungen zu übersetzen beziehungsweise zu interpretieren. Ein Anfänger kann Ihnen ohne große Vorbereitung genaue und objektive Informationen liefern, wenn *Sie* die Fragen stellen und die Antworten interpretieren.

Wie erreichen Sie, daß jemand genaue intuitive Informationen liefert? Sie müssen ihn ein bißchen an der Nase herumführen (so wie ich das in den ersten Kapiteln mit Ihnen gemacht habe), weil die meisten Menschen nicht daran glauben, daß sie Fragen beantworten können, die sie vorher nicht kennen.

Lesen Sie im folgenden, wie man das macht.

Erster Schritt: Eine Doppelblindstudie durchführen

Eine Doppelblindstudie wird in der Regel durchgeführt, um sicherzustellen, daß die Erwartungen der Forscher das Resultat nicht beeinflussen. Beim Test eines neuen Medikaments wissen weder die Patienten noch diejenigen, die die Doppelblindstudie durchführen, ob die Versuchsperson das Medikament oder ein Placebo einnimmt.

Die folgende Übung ist meine Version einer Doppelblindstudie. Dabei werden Sie Antworten auf Fragen bekommen, die weder Sie noch die Person, die die Fragen erhält, kennen!

Schreiben Sie eine Reihe von Fragen auf mehrere aber gleich aussehende Blätter. Wenn Sie damit fertig sind, falten

Sie jedes Blatt zweimal, so daß die Schrift nicht mehr zu sehen ist. Sie können die Blätter auch jeweils in einen Umschlag stecken.

Zweiter Schritt: Den Ablauf erläutern

Sagen Sie den teilnehmenden Personen, daß Sie je einen verschlossenen Umschlag mit einer Frage erhalten werden und danach berichten sollen, welche Eindrücke sie daraufhin empfangen. *Sagen Sie den Teilnehmern nicht, daß sie ein Reading geben, oder gar, daß sie Fragen beantworten.* Wenn Sie das tun, bauen sich wahrscheinlich innere Widerstände auf. Eine Methode, die oft funktioniert, besteht darin, den angehenden Readern zu sagen, daß Sie ein Experiment durchführen und auf ihre Mitarbeit angewiesen sind. Alles, worum Sie sie bitten, ist, daß sie Ihre Anweisungen befolgen. Lesen Sie jetzt, was ich normalerweise sage, um eine Person anzuleiten:

> Wie Sie wissen, habe ich eine Reihe von Fragen in Briefumschläge gesteckt. Ich werde Ihnen gleich den ersten geben. Ich möchte, daß Sie einfach alle Eindrücke auf die erste Frage, die Sie in Ihrer Hand halten werden, erzählen.
>
> Ich weiß, das hört sich komisch an. Weder Sie noch ich wissen, wie die Frage lautet. Ich erwarte nicht von Ihnen, daß Sie »recht haben«. Vertrauen Sie einfach darauf, daß alles, was Sie sagen, wertvolle Informationen für mich sind.
>
> Bevor ich Ihnen den Umschlag gebe, sollten Sie tief einatmen und beobachten, was Sie innerlich, aber auch in Ihrer äußeren Umgebung wahrnehmen. Achten Sie darauf, wie Sie sich fühlen. Was nehmen Sie mit Ihrem Gesichts-, Gehör- und Geruchssinn wahr? Welche Gedanken, Erinnerungen oder Bilder gehen Ihnen durch den Kopf? Mit dieser Übung prüfen Sie Ihre Aufmerksam-

keit und können somit erkennen, wie sich Ihre Wahrnehmungen verändern, wenn Sie den Umschlag in den Händen halten.

Gleich werde ich Ihnen den ersten Umschlag reichen. Ich werde Sie bitten, mir von allen Vorstellungen und Erinnerungen, die Ihnen durch den Kopf gehen, zu berichten, von allem, was Sie sehen, hören, fühlen oder denken. Kurz gesagt, ich möchte, daß Sie mir *alle* Eindrücke erzählen – auch wenn sie keinen Sinn ergeben oder Ihnen albern oder frei erfunden erscheinen.

Gut, dann beginnen wir. Atmen Sie ein paarmal tief durch. Ich gebe Ihnen jetzt den Umschlag. Bitte beginnen Sie sofort und ohne Pause zu sprechen. Wenn Sie steckenbleiben und Sie nichts empfangen, erfinden Sie einfach etwas.

Spielen Sie Ihrem Gegenüber einen gewissen Ernst vor, während Sie all das sagen. Denken Sie daran, daß Sie ihm dabei helfen, *so zu tun, als ob* er die verschlossenen Fragen beantworten könnte.

Dritter Schritt: Die Antworten festhalten

Wenn Sie mit Ihren Anweisungen fertig sind, reichen Sie jedem Teilnehmer einen Umschlag. Notieren Sie die Zahl, und seien Sie bereit, alle Eingebungen aufzuschreiben. Vielleicht möchten Sie aber auch lieber einen Kassettenrecorder benutzen. **Sie werden sehr wahrscheinlich wissen, welche der Fragen jeweils beantwortet wird, öffnen Sie aber keinen Umschlag, bevor alle Teilnehmer ein Reading gegeben haben.**

Den Teilnehmern mit Fragen weiterhelfen

Da Ihre Freunde die Fragen nicht kennen, können sie ihre Logik nicht einsetzen, um sie zu »ermitteln«. Wenn Sie ihnen sagen, daß sie notfalls eine Antwort erfinden sollen, blockieren Sie die logischen Denkprozesse und zwingen die Teilnehmer, sich voll und ganz auf ihre Intuition zu verlassen. Selbst die hartnäckigsten Menschen geben ihren inneren Widerstand auf, wenn Sie ihnen vorschlagen, so zu tun, als ob sie die Antwort auf die Frage wüßten.

Wenn jemand hängenbleibt und gar nichts empfängt, sagen Sie ihm, daß er so tun soll, als ob *dies* ein Teil seiner Antwort wäre!

Sie können einen Teilnehmer auch auffordern, seine Antworten genauer zu beschreiben, wenn er hängenbleibt oder wenn Sie nichts mit seinen Antworten anfangen können. Da Sie nicht wissen, welche Frage sich in welchem Umschlag befindet, sollten Sie sich von Ihrer Intuition leiten lassen.

Hier sind ein paar nützliche Fragen, die dem anderen weiterhelfen können:

- Empfangen Sie ein Ja oder ein Nein? Woraus schließen Sie das?
- Wie würden Sie die Frage in sechs Monaten beantworten? Und in einem Jahr?
- Welche Namen kommen Ihnen in den Sinn? Empfangen Sie vielleicht Anfangsbuchstaben? Beschreiben Sie die dazugehörigen Personen genau. Was tun sie?
- Welche Orte kommen Ihnen in den Sinn? Beschreiben Sie sie genau.
- Welche Erinnerung fällt Ihnen ein? Beschreiben Sie sie genau.
- Welche Gefühle empfangen Sie? Beschreiben Sie sie genau.

Verraten Sie Ihren Freunden die Fragen nicht, bevor Sie Gelegenheit hatten, sich die intuitiven Eindrücke genau auzusehen und zu interpretieren. Wenn Ihre »Privathellseher« vage Andeutungen machen, fordern Sie sie auf, ihre Eingebungen genauer zu beschreiben. Möglicherweise müssen Sie sie während des Readings aktiv befragen.

Im folgenden finden Sie einen Dialog, den ich mit jemandem führte, den ich als meinen Hellseher eingesetzt hatte:

Laura: Als du Jerry gesehen hast, was hat er da gemacht?

Reader: Ich weiß nicht, ich habe nur meinen Freund Jerry gesehen.

Laura: Schau ihn dir nochmal an und erzähl mir etwas über ihn.

Reader: Ich habe schon lange nichts mehr von ihm gehört, aber ich weiß, daß er sich beruflich verändern wollte, als wir uns das letzte Mal unterhalten haben.

Laura: Glaubst du, daß er sich tatsächlich beruflich verändert hat?

Reader: Ich weiß es nicht; ich habe nichts mehr von ihm gehört.

Laura: Was glaubst du denn?

Reader: Ich glaube, er war auf dem richtigen Weg, aber es hat wahrscheinlich etwas länger gedauert, als er angenommen hatte.

Laura: Wieviel länger?

Reader: Woher soll ich das wissen?

Laura: Rate mal. Nenne mir die erste Zahl, die dir einfällt.

Reader: Na gut, drei. Bist du jetzt zufrieden?

Laura: Drei was? Tage? Wochen? Monate? Jahre?

Reader: Kürzer als Jahre, länger als Wochen. Monate, glaube ich.

Und so weiter. Wir setzten diese »Befragung« noch eine Weile fort. Wie Sie sehen, müssen Sie Ihren Reader vielleicht etwas aus der Reserve locken!

Vierter Schritt: Intuitive Eindrücke interpretieren und auswerten

Ein Anfänger verwendet bei seinen Antworten normalerweise eine Sprache, die Sie verstehen, weil sein Unbewußtes bereits weiß, daß Sie die Antwort interpretieren werden. Daher ergeben die Eindrücke für Sie in der Regel mehr Sinn als für die Reader selbst.

Sie werden feststellen, daß vieles, was ein Anfänger erfindet, zutrifft. Warum ist das so? Es fällt dem Unterbewußtsein leichter, Ihre Frage zu beantworten, als etwas zu erfinden. Ist dieser Prozeß erst einmal in Gang gekommen, kann Ihr Freund oder Ihre Freundin gar nicht mehr anders, als ein Reading zu geben.

Öffnen Sie den ersten Umschlag und lesen Sie die Frage. Setzen Sie nun Ihre Urteilskraft ein, um die Eingebungen Ihres Freundes oder Ihrer Freundin im Hinblick auf die Frage zu interpretieren.

Vergleichen Sie das, was Ihre Gefühle oder Ihre Vernunft zu der Frage sagen, damit, was Ihre Intuition sagt. Wenn die Frage lautete: »Werde ich innerhalb der nächsten sechs Monate befördert?«, unterscheidet sich die Antwort Ihrer Intuition vielleicht von der Ihrer Logik. Wenn wir die verschiedenen Einschätzungen der Sinne miteinander vergleichen und kombinieren, erhalten wir ein solides Fundament voller Informationen, anhand dessen wir die Frage beantworten können.

An diesem Punkt ist es sinnvoll, wenn Ihr Freund Ihnen hilft, seine intuitiven Bilder und Eingebungen zu interpretieren. Nehmen wir an, daß er ständig die Buchstaben *B* und *L* empfing, als er ein Reading zum ersten Umschlag gab. Ohne sein Feedback erkennen Sie vielleicht nicht, daß das die Initialen seines früheren Arbeitgebers sind, die in diesem Reading Ihren früheren Arbeitgeber repräsentieren.

Wie Sie Ihr eigener Hellseher werden

Wenn es Ihnen schwerfällt, ein objektives Reading auf Ihre eigenen Fragen zu geben, können Sie dasselbe Verfahren auch alleine anwenden. Schreiben Sie Ihre Fragen auf verschiedene Blätter, numerieren Sie sie und ordnen Sie dann Ihre Readings den entsprechenden Fragen zu. Sie werden bestimmt neugierig sein, wie Sie dabei abgeschnitten haben, aber warten Sie, bis Sie ein Reading auf alle Fragen gegeben haben, bevor Sie einen Umschlag öffnen.

32

Sie haben Ihre Reise gerade erst begonnen

Der Beginn Ihrer Lehrzeit

Natürlich bin ich besonders überzeugt von der Intuition, aber das macht meine Herangehensweise an dieses Phänomen sogar noch empirischer als die der meisten Menschen. Ich weiß, daß ich alle Informationen, die für eine Entscheidung nötig sind, bekommen kann, wenn ich die mir zur Verfügung stehenden Mittel einsetze: intuitive, emotionale, intellektuelle, empirische und experimentelle. Wenn ich eine Vermutung mit Hilfe dieser Mittel nicht erhärten kann, weiß ich, daß sie falsch ist.

Wir müssen weniger Dinge lernen, als wir denken. Das Leben enthüllt vieles, was wir bereits wissen, und es läßt uns die Macht jedes neuen Instruments kennenlernen sowie die Fähigkeit, ein weiteres Element unserer Träume zu verwirklichen, wenn wir das Instrument erst einmal in den Händen halten.

Ich möchte mich dafür entschuldigen, daß ich mir angemaßt habe, Ihnen etwas beizubringen, was Sie bereits wissen. Ich bin sicher, daß es Ihnen Spaß machen wird, Ihre neuentdeckte Fähigkeit einzusetzen, um mehr von dem umzusetzen, was Sie sich in Ihrem Leben wünschen und um den Menschen, die Sie kennen, dabei zu helfen, ihre Träume zu verwirklichen.

Entspannung für Körper und Geist

Dr. Bernt Hoffmann
Handbuch Autogenes Training
Grundlagen, Technik, Anwendung
dtv 36004

Ray Ridolfi, Susanne Franzen
Das große Shiatsu-Handbuch für Frauen
Mit Zeichnungen von Peter Cox
dtv 36065

Rob Nairn
Mit dem Drachen fliegen
Ruhe und Klarheit durch Buddhismus und Meditation
dtv 36070

Cai Pfannstiel
Der Sonnengruß
Mit Yoga den Tag beginnen
Mit Fotos von Margret Uhrmeister
dtv 36071

Arthur Sokoloff
Die Kraft der Gelassenheit
Fernöstliche Weisheiten für einen streßfreien Alltag
dtv 36090

Bob Anderson
Stretching im Büro
Fit und entspannt an Computer und Schreibtisch
Mit Zeichnungen von Jean Anderson
dtv 36096

Ayya Khema
Meditation ohne Geheimnis
dtv 36138

Drukpa Rinpoche
Tibetische Weisheiten
Herausgegeben von Jean Paul Bourre
Mit Fotos von Margret Uhrmeister und Peter Hinreiner
dtv 36143

Thich Nhât Hanh
Unsere Verabredung mit dem Leben
Buddhas Lehre vom Leben im gegenwärtigen Augenblick
Mit Fotos von Peter Hinreiner
dtv 36145

Deepak Chopra
Lerne lieben, lebe glücklich
Der Weg zur spirituellen Liebe · dtv 36170

Klug mit Gefühlen umgehen

Daniel Goleman
EQ. Emotionale Intelligenz
dtv 36020

»EQ statt IQ« heißt die neue griffige Erolgsformel, mit der Daniel Golemans internationaler Bestseller einen Nerv unserer Zeit trifft.

Daniel Goleman, Paul Kaufman, Michael Ray
Kreativität entdecken
dtv 36136

Kreativität fällt nicht vom Himmel. Aber wir alle können lernen, die schlummernden Ideen in uns zu wecken.

Die heilende Kraft der Gefühle
Hrsg. von Daniel Goleman
dtv 36178

In einem spannenden Dialog zwischen westlichen Wissenschaftlern und dem Dalai Lama erfahren wir, wie die Geisteswissenschaften des Ostens von bahnbrechenden Ergebnissen der Naturwissenschaften des Westens bestätigt werden.

Lawrence E. Shapiro
EQ für Kinder
dtv 36121

Dieses Buch zeigt, wie Eltern Einfühlungsvermögen, Kontaktfreudigkeit, Ausdauer und Selbstvertrauen ihrer Kinder fördern können.

Claude Steiner
Emotionale Kompetenz
dtv 36157

Claude Steiner führt Golemans Anregungen, die Emotionalität neu zu bewerten, weiter und setzt sie in die Praxis um. Er stellt ein Trainingskonzept in zwölf überschaubaren und einfach nachzuvollziehenden Schritten vor.

John O'Donohue im dtv

John O'Donohue nimmt uns mit in die spirituelle Welt der Kelten auf eine intime Reise zu uns selbst

Anam Ċara
Das Buch der keltischen Weisheit
dtv premium 24119

Anam ist das gälische Wort für Seele, Ċara heißt Freund. Anam Ċara bedeutet nach keltischem Verständnis also »Seelenfreund«. Die Kelten besaßen eine tiefe Einsicht in das Wesen der Liebe und der Freundschaft, die zwei Menschen auf unzertrennliche Weise verband. John O'Donohue enthüllt in diesem Buch keltische Geheimnisse, die die Leser in unserer hektischen Zeit in harmonischen Einklang mit der Welt bringen und das Leben reicher machen.

Echo der Seele
Von der Sehnsucht nach Geborgenheit
dtv premium 24180

Irgendwo, tief in unserem Innern, lebt die Sehnsucht. Es ist die Sehnsucht nach Liebe, Geborgenheit und Zugehörigkeit. Noch nie war der Hunger nach Zugehörigkeit so quälend wie heute. Die Geborgenheit, die wir in der Zugehörigkeit erfahren, schenkt uns Kraft; sie bestätigt in uns eine Stille und Gewissheit des Herzens. Sie befähigt uns, äußeren Druck und Verwirrung zu ertragen, und sie versichert uns des Bodens, auf dem wir stehen.

Dieses Buch ist »eine eloquente Meditation über die Kunst des Lebens. Es ist eine Schatzgrube für Leser aller Glaubensrichtungen.«
Publisher's Weekly

Das Sexbuch für Frauen

Der Bestseller von Alexandra Berger und Andrea Ketterer
dtv 20017

Alles, was Frauen zum Thema Liebe, Lust und Leidenschaft schon immer wissen wollten: Vorschläge für Massagen, aphrodisische Menüs, Rollenspiele und vieles mehr bringen Frauen auf neue Ideen. So kehren Spannung und Erotik auch in langjährige Beziehungen zurück!
Alexandra Berger und Andrea Ketterer nennen die Dinge beim Namen, haben keine Scheu vor vermeintlichen Tabus und geben viele praktische Tips. Fazit: Gute Mädchen haben ihre Migräne und langweilen sich, böse Mädchen holen sich, was sie wollen – und haben jede Menge Spaß dabei.

dtv